Dife Ra Pye Tè

Se

Dife Tou Limen Nimewo 15

Si w bezwen enfòmasyon sou liv yo ak brochi nou ekri yo, ou kap kontakte nou nan adrès sa yo :
Peniel Southside Baptist Church
P.O. Box 100323
Fort Lauderdale, Fl 33310
Phone: 954-242-8271
954-525-2413
Fax: 888-972-1727
Website :www.penielbaptist.org
Website :www.theburningtorch.net
E-mail:renaut@theburningtorch.net
E-mail :renaut_cyrille@hotmail.com

Copyright © 2017 by Renaut Pierre-Louis Tout dwa sou liv sa rezève @ Rév. Renaut Pierre-Louis

Atansyon : Se yon bagay ki kont la lwa si yon moun ta kopye liv sa ou byen yon pati nan liv sa nan nenpòt kèk fason, ke se swa nan enprimri, ou fòto, ou CD san w pa gen otorizasyon ekri sou papye de lotè liv la.

Liv nou yo ekri nan twa lang toujou : Franse, Angle ak Kreyol. Nou kap achte yo nan adrès sa yo :

Michel Joseph:
192-21 118 Rd St Albans, N.Y. 11412
Phones: 917-853-6481   718-949-0015

Rév. Julio Brutus:
504 Avenue I SE Winter Haven, FL 33880
P.O. Box. 7612 Winter Haven, FL 33883
Phones: 863-299-3314; 863-651-2724

Rev. Edouard Georcinvil
725 NE 179th Terr N. Miami Bch, FL 33162
Phones: 305-493-2125; 305-763-1087

Iliana Dieujuste
2432 Indian Bluff Dr Dracula, GA 30019
Phones: 954-773-6572; 954-297-4656

Dife 15-Seri 1

Se pou peche w Kris te mouri se pa't pou eskiz (rès la)

Pastè Renaut Pierre-Louis

Avangou

Nou resi rale yon souf kan dezyèm seri leson sa sou Evanjelizasyon an parèt. Toudabò, li montre nou otorite Sentèspri a pou l sa deloje pechè yo nan enkredilite yo e ankò pou denonse riz Dyab la kap fè tout demach pou anpeche nanm yo konvèti. Apati de jodia, ke okenn pitit Bondye pa kraponen kant li dwe prezante mesaj Levanjil la a moun yo ki pèdi nan peche yo, paske si yo rate syèl la, yo pap kap rate dife lanfè.

Pastè Renaut Pierre-Louis

Leson 1
Moun ki konnen yon pi bon pase tout moun

Vèsè pou prepare leson an: Eklezias. 7:20; Lik.9: 23; Jan. 14:6; Women.3: 10-26; Efezyen.2:3; Ebre. 4:14; Jak. 2:10

Vèsè pou li nan klas la : Women.3:9-23

Vèsè pou resite: Jan sa ekri nan Liv la : Nan pwen moun ki gen rezon devan Bondye. Non, pa menm yon grenn. Women.3:10

Fason pou fè leson an: diskou, konparezon, kesyon

Bi leson an: Montre ke menm si nou vle vante tèt nou pou di jan nou bon, sa pa janm kapab sove nou.

Pou komanse

Yon avoka pa gen okenn pwoblèm pou l plede nan tribinal pou l defann yon kriminèl. Eske w konnen li difisil pou l jwen pawòl pou l defann yon moun ki di li inosan ? Koute sa yon inosan di :

I. *Mwen menm se yon ti inosan, mwen pa janmen fè okenn moun mal.*
   Evanjelis la ka reponn li konsa:
   1. Eske ou menm se pa pitit Adan ak Ev ou ye tankou tout moun? Si se sa, ou gen peche a nan san w. Sepoutèt sa, Sentespri Bondye a pa sou ou. Women 3 : 23 ; Efezyens. 2 :3
      a. Pa gen moun k'ap mache dwat sou latè ki ka di tou sa l'ap fè byen, li pa janm fè sa ki mal. Eklezyas. 7 :20
      b. Yo yonn pa gen konprann. Yo yonn p'ap chèche Bondye. Women 3 :11

2. Kounyeya, men sa pou w sonje :
   a. Jezi pa envite w pou w chwazi ant sa ki byen ak sa ki mal. Li mande w pito pou w renose a pwòp tèt pa w, pou w pote kwaa e pou w siv li. Lik. 9 :23
   b. Si li renose a glwa pa ' l nan syèl la pou l vin jis isit la pou l sove w, li gen dwa poze kondisyon pa'l tou pou Sali l'ap ofri w la. Ebre.4 :14
   c. Konsa pa gen okenn rezon pou w ap pale de inosans ou, de relijyon w, de karaktè w, de sa ou te vin trouve ou de bon zèv ou. Bagay sa yo pa konte pou li. Li di : « Pèson pa ka al jwen Papa a si'l pa pase nan mwen » Jan 14 :6

II. *Menm moun saa kontinye pale pou l di konsa: Bondye pa mande sakrifis.* « *Depi yon moun obsève yonn nan dis komandman yo, li pra l nan syèl kan menm*"
Evanjelis la ka envite moun sa pou'l li sa lapòt Jak di nan bib la :
« Paske moun ki obsève tout lalwa a, men ki dezobeyi yon sèl nan komandman yo, se tankou li te dezobeyi tout komandman yo. » Jak. 2 :10

Pou fini
Zanmi, zafè Sali nanm ou se yo ka ijan. Degaje w pou w asèpte Jezikri pou Senyè w ak Sovè w avan li two ta.

Kesyon

1. Pouki sa nou di ke li pi fasil pou plede pou yon moun ki koupab ke pou yon moun ki di li inosan ? W'ap manke pawòl pou defann yon inosan.

2. Koman pou w fè yon inosan konnen ke se yon pechè li ye?
    a. Ou dwe montre'l nan Bib la ke tout pitit Adan ak Ev, yo fèt ak peche a nan san yo.
    b. Yo pap ka wè fas Bondye nan kondisyon saa.
    c. Jefò yo pa w pa kapab sove yo.
    d. Jezi te kite glwa li nan syèl pou l sa vin sove nou.
    e. Konsa nou oblije asepte l pou sovè nou pou nou ale nan syèl.

3. Trouve ki lès nan repons sa yo ki bon
    a. Nou sove __ Gras a dis komandman.
    b. Nou sove __ gras a tanperaman nou.
    c. Nou sove __ gras a relijyon nou.
    d. Nou sove __ gras a dibyen nou fè.
    e. Nou sove __ pa gras Bondye, gras a fwa nou nan Jezi-Kri.

Leson 2
Eskiz moun ki pran pòz konnen yo

Vèsè pou prepare leson an: Matye. 5:3; 19:3; 22:15-18; Jan.1:10-14; 12: 42-43; Women.3:4; 1Korentyen.1:1-27; Efezyen.4:18-19; 2Timote. 3:16; 2Pyè.1: 19-21

Vèsè pou li nan klas la : 2Pyè.1 :19-21

Vèsè pou resite : Tout sa ki ekri nan Liv la, se nan Lespri Bondye a yo soti. Y'ap sèvi pou montre moun verite a, pou konbat moun ki nan lerè, pou korije moun k'ap fè fòt, pou montre yo ki jan pou yo viv byen devan Bondye. 2Timote 3 :16

Fason pou fè leson an : diskisyon, konparezon, kesyon

Bi leson an : Bay prèv ke bib la soti nan Bondye.

Pou komanse
Gen moun kap depale afòs yo pale. Ki jan de moun yo ye? Se moun yo ki kwè yo konnen pase tout moun. Pa gen moun ki pou fè yo tande rezon.

I. **Ki jan moun sa yo rezonen ?**
   1. *Yo di ke « Se pa Bondye ki dikte moun bib la. Se moun ki envante l.*
      Evanjelis la kap di yo:
      a. Se Lespri Bondye ki chwazi moun pou'l dikte yo pawòl sa yo. 2Pyè.1:21
      b. Tout Bib se travay Bondye gras a moun li enspire. 2Timote 3:16

   2. *Yo di ankò : Levanjil se zafè moun sòt.*
      Evanjelis la kap di yo : nan yon sans, ou gen rezon. Se Jezi menm ki di : « Benediksyon pou

moun ki konnen se pòv yo ye, paske wayom syèl la se pou yo li ye. » Matye.5:3. Apòt Pòl rele yo « Moun lezòm pran pou moun sòt ».
   a. Se ak yo menm Bondye sèvi pou fè moun ki kwè se yo ki konnen an wont. 1Korentyen. 1 :27
   b. Se sèlman moun yo ki gen pou peri a ki pran Levanjil pou pawòl moun fou. 1Korentyen 1 : 18
3. Pa egzanp, farizyen yo kwè nan sa ki di nan Ansyen Kontraa, men yo refize asepte Jezi tankou Mesi a, paske li grandi nan yon ti katye moun pòv yo rele Nazarèt.
4. Jan di nou : Li vin nan peyi'l, men moun peyi'l pa't resevwa'l». Jan.1: 11
   a. Okontrè, yo chita poze'l gwo kesyon pou yo chèche konnen si se vre li se pitit Bondye li ye. Matye 19:3; 22:15-17
   b. Olye yo chèche konnen volonte Bondye, yo pito rete ap batay pou ran sosyal yo. Jan 12 :42-43
   c. Satan vegle zye yo pou yo pa mele nan zafè Bondye. Sa lakòz kè yo vin pi di; konsa y'ap mouri nan inyorans yo. Efezyen. 4:18

Pou fini
Lè Bondye ap pale, se pou tout moun ka wè se li ki gen rezon. Women. 3 :4

Kesyon

1. Ki sa moun save yo kwè?
   Yo kwè se yo ki konnen pase tout moun nan zafè Bondye.

2. Ki sa yo di de Bib la?
   Se moun ki envante l.

3. Ki sa nou jwenn nan Bib la ?
   Se Bondye menm ki dikte moun li vle sa ki nan bib la.

4. Ki moun Jezi te fè pwomès la bay yo syèl la ?
   Moun ke yo pran pou moun sòt yo.

5. Ki jan moun swadizan save yo pran Levanjil?
   Yo pran Levanjil pou zafè moun fou.

6. Pouki farizyen yo pran Jezikri?
   a. Pou yon moun san valè paske li soti nan yon ti kote ki raz yo rele Nazarèt.
   b. Konsa yo refize kwè ke se li ki Mesi a

7. Sa ki fè sa?
   a. Yo pi renmen lwanj lezòm
   b. Lespri yo bouche.
   c. Yo vin gen kè di.

Leson 3
Eskiz moun ki pran pòz konnen yo (rès la)

Vèsè pou prepare leson an: Jenèz.7 :16 ; Sòm. 19: 1-7; Amòs. 4:12; Matye 3:12; 25 :10-13 ; Lik.16:24; Women. 1: 18-20; 2Korentyen.5:10; Ebre. 9 :27 ; Revelasyon. 19:20

Vèsè pou li nan klas la : Amòs.4 :6-13

Vèsè pou resite : Nou mèt pare kò nou pou n'al kontre ak Bondye nou an. Amòs.4 :12b

Fason pou fè leson an : diskou, konparezon, kesyon

Bi leson an : Wè pa wè, gen yon jou k'ap rive pou tout moun parèt nan jijman devan Bondye ki te kreye nou an.

Pou komanse

Ou pa disparèt yon pwoblèm paske ou fèmen zye w sou li. Se sa moun ki pran pòz yo konnen an, pa konnen. Ki sa yo di ak bouch yo ?

I. *Yo di lanfè pa egziste.*

Yo di se moun ki envante mo lanfè a pou fè moun pè, pou yo k'ap twonpe lòt moun. Poubyendi, Bondye twò bon pou'l ta pran pitit li yo pou'l voye yo boule nan dife lanfè.

Evanjelis la ka li vèsè sa pou yo:
1. Paske nou tout nou gen pou'n konparèt devan Kris la pou li ka jije nou, dapre byen, osinon dapre mal nou te fè antan nou te nan kò saa. 2Korentyen.5 :10
2. Moun ki pa repanti, l'ap jete yo nan dife lanfè. Matye.3 :12
3. Ni fo pwofè la, ni bèt la ak tout moun ki te gen mak bèt la sou yo, yo pral boule nan dife sa ki pap janm tenyen an. Revelasyon. 19 : 20 :10

a. Nonm rich la ki te mouri san'l pat gen tan repanti a, te avwe ke l'ap soufri nan lye toumant la. Lik.16 :24

III. **Gen menm ki di Bondye pa egziste.** *Se yon gwo bri Bing Bang* **ki te fèt pou tout bagay te egziste.**
Evanjelis la kap di yo ke pa gen anyen ki fèt san li pat gen yon fòs dèyè l. Fòk gen yon fòs kifè **Bing Bang nan**.
1. Fò kòdonye egziste pou soulye ka fèt. Fòk mason egziste pou kay ka fèt. Fòk oloje egziste pou mont ka fèt. Menm jan tou, fòk Bondye egziste pou syèl ak tè a te fèt.
Sòm 19 :1 ; Women .1 : 20
2. Tanpri pa gaspiye tan w, zanmi, paske si ou rate chans pou ale nan syèl, ou déjà nan wout pou w al boule nan dife lanfè. Ebre.9 :27

Pou fini
Mwen ta konseye w bandonen vye lide sa yo pou sa ki te rive medam fòl yo pa rive w. Se Jezi menm ki kite mesay sa pou w. Matye 25 :10-13

Kesyon

1. Pouki sa moun ki pran pòz konnen yo di ke lanfè pas egziste ?
    a. Paske yo pa kap pwouve egzistans li dapre kalkil yo.
    b. Yo pran lanfè pou yon preteks moun ap chèche pou twonpe moun sòt.

2. Pouki sa agiman yo pa detri dife lanfè?
   Ou pa detri yon pwoblèm lè ou fè tankou ou pat wè'l.

3. Ki sa moun pa kap manke nan dènye jou a ?
    a. Tout moun gen pou konparèt devan Kris pou y'al jije.
    b. Moun ki pat repanti yo, ak Bèt la, ak fo pwofèt la pr'al boule nan dife lanfè.

4. Ki pwensip ki gen nan konstriksyon linivè ?
   Pa gen anyen ki fèt si'l pat gen yon fòs dèyè l.

5. Bay nou omwens 2 egzanp
   Soulye pat ka fèt si kòdonye pat egziste. Syèl la ak tè a pat ka fèt si Bondye pa't egziste

6. Si se yon gwo bri **Bing Bang** ki kreye tout bagay, ki moun ki te fè bri saa ? Bondye.

Leson 4
Moun kap doute yo

Vèsè pou prepare leson an: Nonb 8:17; Ezayi.59:2; Lik.13:1-5; Jan 1:1-4; 5:39-40; Travay.17:30; Women 2:12; 3: 25; 8:32; 1Pyè 3:18

Vèsè pou li nan klas la : Lik.13 :1-5

Vèsè pou resite : Mwen di nou : Non. Men si nou menm nou pa tounen vin jwen Bondye, nou tout n'ap peri menm jan an tou. Lik.13 :3

Fason pou fè leson an : Diskou, konparezon, kesyon

Bi leson an : Fè tout moun konnen ke yo dwe repanti, wè pa wè.

Pou komanse
Eske nou konnen ke lezòm fè tout sa yo konnen pou yo rete lwen Bondye?

I. Men yon pechè kap blamen Bondye pou ti inosan ki mouri.
Li di: Si Bondye te bon vre, poukisa tout ti moun sa yo mouri nan siklòn, nan tranblemann tè?
Evanjelis la ka di'l
I. Se pa lanmò kò a ki elwaye nou de Bondye, men se peche nou. Ezayi. 59 :2
  1. Jezi te bay moun yo de egzanp:
    a. Premye a se moun yo Pilat te touye ansanm ak bèt yo te vin fè sakrifis pou dye yo a. Lik.13 :1-3
    b. Dezyèm nan se te kantite moun ki te mouri nan yon aksidan. Lik.13 : 4-5
  2. Sa ki konte pou Bondye se repantans nou. Se retounen vin jwen Kris pou w sa gen la vi etènèl. Lik. 13 :3 ; Jan. 1 :4 ; 5 :39

II. Menm moun nan kontinye pou'l di : *E ki sa w di pou ti inosan yo ?*
Evanjelis la ka di'l : Bondye ap toujou sove yo nan mizerikòd li. Se yon lòt dimansyon de amou'l.
1. Li mete ti inosan sa yo nan menm bann premye pitit yo li te touye nan peyi Lejip. Li di li mete yo apa pou li. Konsa yo pa pèdi ! Nonb.8 :17
2. Sanzale pi lwen, Jezi te inosan. E pouki sa Bondye te kite l mouri ? Li asepte sakrifye'l, li menm ki te dwat, li mouri pou peye dèt peche moun ki pa dwat devan Bondye. Women. 8 :32 ; 1Pyè.3 :18

II. *Ki sa k'ap rive a moun yo ki te mouri avan ke Jezi te vin mouri sou kwa a pou peche yo ?*
Evanjelis la ka reponn yo konsa :
1. Bondye te fèmen zye'l sou peche lezòm te fè nan tan li t'ap pran pasyans ak yo. Women.3 :25b
   Li pa bay okenn eskiz a payen yo ki pa konvèti, paske Li fè tout moun konnen ke Li menm se Bondye, nan bagay li fè nou k'ap wè ak zye nou. Women. 1 :19-20.
   Li pr'al jije tout moun dapre sa yo kapab konprann de Li ki Bondye a. Women. 2:12
2. Sèlman, si li te fèmen zye'l sou tout sa yo t'ap fè nan linyorans yo, kounyeya li rele tout moun, kote yo ye, pou yo tounen vin jwen li. Travay 17 :30

Pou fini
Apre sa, Bondye p'ap bay chans. Ke tout moun degaje w pou w parèt devan'l. Amòs. 4 :12

Kesyon

1. Dapre sa bib la di, ki sa k'ap rive a ti inosan yo ?
   a. Bondye ak genyen mizerikòd pou yo.
   b. Li va rachte yo tankou premye pitit yo li te touye nan peyi Lejip.
2. Chwazi bon repons la nan twa sa yo :
   Pou moun k'ap doute yo,
   a. Yo ta dwe bay tèt yo pwoblèm pou moun ki mouri nan aksidan.
   b. Yo ta dwe bay tèt yo pwoblèm pou ti inosan ki mouri mal.
   c. Yo ta dwe pito tounen vin jwen Bondye pou padon peche yo.
3. Ki sa nou dwe pran pou leson lè nou wè malè rive yon lòt moun ? Se yon avètisman sa ye pou nou.
4. Ki jan Bondye li menm li p'ral konsidere ka moun yo ki te mouri avan Jezi te vin mouri pou peche yo ?
   a. Bondye te fèmen zye'l sou peche yo t'ap fè nan linyorans yo.
   b. Tout moun pr'al jije dapre sa yo te konprann de Bondye a.
5. Di si se vre ou si se fo:
   a. Tout inosan yo jis devan Bondye. __ V __ F
   b. Nenpòt moun ki inosan te kap mouri sou kwa a pou peche nou. __ V __ F
   c. Kounyeya Bondye pa bay chans. Fòk ou repanti. __ V __ F
   d. Bondye twò bon pou l ta voye yon pitit li boule nan dife lanfè. _ V_ F
   e. Si yon moun fin soufri sou tè a, Bondye pa gen dwa pa bay li syèl la. __ V __ F

Leson 5
Moun kap doute yo (rès la)

Vèsè pou prepare leson an: 2Kwonik.6:18; Jòb.36: 26; 37:5-7; 42:3; Ezayi. 57:15; Matye. 12:36; Jan.1:14; 3:11-12; Kolosyen.2:9; Ebre.4:14
Vèsè pou li nan klas la : Jan. 1 :1-14
Vèsè pou resite : Pawòl la tounen moun. Li te vin viv nan mitan nou, li mennen yon vi ki te konfòm nèt ak verite a, ak renmen nan tout kè li. Jan 1 :14a
Fason pou fè leson an: Diskou, konparezon, kesyon
Bi leson an : Montre ke Jezikri se Bondye li ye.

Pou komanse
Kant yon moun prezidan, gwosè kò li pa konte. Li yon moun tout bon e li prezidan peyi a tout bon tou. Menm jan tou, gwosè Jezikri pa konte. Li yon moun tout bon e li Bondye tout bon. Kol.2 :9

I. *Koute sa moun kap doute yo di*: **Zafè pou yon moun di ke Jezi se Bondye nan yon kò tankou pa nou an, se yon pèlen. Yon gwo Bondye pa te kapab chita nan yon ti kò tankou pa nou an.**
   Evanjelis la k'ap fè teoloji ak yo. Li k'ap di yo :
   1. **Gwo teolojyen tankou Karl Bath, Anselme, yo di ke moun pa kap konprann Bondye.**
   2. **Moun pa kapab eksplike sa Bondye ye.** Ti sèvo nou two piti pou sa. 2Kwonik 6 :18
   3. **Ou pa kap konpare'l ak okenn moun.** Ou kap mezire tout sa ki egziste nan tan an. Men Bondye li menm, l'ap viv nan letenite. Konsa moun pa kap mezire l. Jòb. 36 :26
   4. **Li menm se Pawòl ki vin fè 1 moun.** Li moun total kapital e li Bondye total kapital.

Jan.1:14; Kolosyen.2:9
5. **Bondye se mistè**. Nou dwe aji fwa nou pou nou asepte 'l jan li ye a. Jòb.37 : 5,7
   a. Se pou nou di ansanm ak Jòb: « Wi, mwen te chita ap pale san mwen pat konprann de mèvèy ki depase m. » Jòb.42 : 3
   b. Sonje ke nan dènye jou a, lezòm pral jije pou tout pawòl yo di yo pat bezwen di.
   Matye. 12 :36

II. Moun kap doute yo sanble ak moun ate yo lè yo di: *Pa gen moun ki k'ap kwè genyen yon Bondye nan syèl la.*
Evanjelis la k'ap di 'l :
1. Men koze a ! Gen yon bann bagay ou pa wè, poutan ou kwè nan yo. Ou pa janmen wè van ni elèktrisite ; ou pa k'ap konprann ki jan gwo latè sa ak tout planèt yo ap vire san yo pa janmen frape yonn ak lòt.
Ou sèvi ak tab miltiplikasyon, divizyon san w pa konnen ki moun ki te envante yo. Se menm jan tou pou Bondye. Pito w fè tankou Nikodèm, gran avoka jwif la, pou w sa obeyi san ou pa konprann. Jan 3 : 11-12
2. Bondye gouvènen tout bagay. Eske w tande sa'l di?
Se mwen menm Bondye ki anwo nèt nan syèl la. Bondye ki la pou tou tan an. Bondye ki apa nèt la. Men mwen kanpe la avèk moun ki soumèt yo devan m. Ezayi. 57 :15 ; Ebre. 4 :14

Pou fini

Jezi gen pou 'l retounen pou'l vin chèche legliz li, an menm tan pou'l pini moun yo ki t'ap doute a.
Bat pou w pa twouve w nan bann moun sa yo!

Kesyon

1. Ki jan ou kap reponn a moun yo ki pa kwè ke Jezi te fè li moun tankou nou menm ?
   Di yo ke moun pa kap konprann Bondye, yo pa kap eksplike'l, yo pa kap konpare'l ak anyen.
   a. Li se yon Bondye ki fè'l moun.
   b. Li menm se yon mistè.

2. Ki eskiz moun kap doute yo ap genyen nan dènye jou a? Okenn eskiz

3. Ak ki moun yo sanble?
   Ak moun yo ki di pa gen Bondye a

4. Pouki nou di sa? Paske yo nye egzistans Bondye.

5. Eske yon moun kap konprann tout bagay de Bondye nan sa nou wè sou tè saa? Non.

6. Bay nou kèk egzanp
   a. Nou pa kapab konpran planèt yo kap vire san yo pa frape yonn ak lòt.
   b. Nou pa kapab konprann ond mayetik yo, ni mouvman planèt yo.

Leson 6
Moun yo ki kwè nan Lwa Moyiz la

Vèsè pou prepare leson an: Jenèz 3: 19; Lévitik 17:14; Ezekyèl 18:20; Matye 10:28; Mak. 8:36-37; Lu.16:24-28; Jan 19:30; 2Korentyen 4: 16-18; 5:21; 1Tesalonisyen 5:23;
Vèsè pou li nan klas la: Mak. 8 :34-38
Vèsè pou resite : Kisa sa ta sèvi yon moun pou'l ta genyen lemonn antye si'l ta pèdi lavi'l ? Mak.8: 36
Fason pou fè leson an: Diskou, konparezon, kesyon
Bi leson an: Bay prèv ke nanm moun pa janm mouri.

Pou komanse
Si yon moun mal konprann sa ki pra'l rive nanm nan apre lanmò, sa kap lakòz ou pèdi nanm lan. Jezi vini pou eklere nou sou kesyon saa.

I. Gen moun ki di ke nanm nan ka mouri
1. Nou pa fin di non, paske nan Ansyen Kontra a, bib la menm di ke moun nan ki fè peche a se li k'ap mouri. Li vle pale de moun nan tout antye. Ezekyèl. 18 :20
2. Men nan Nouvo Kontra, bib la di ke moun gen twa pati nan li : lespri, nanm nan ak kò a. 1Tesalonisyen.5 :23
   a. Nanm nan ak lespri se de pati ki nan lòm **ke nou pa kap wè.**
   Lè nou mouri, **kò a ke nou kap wè a**, li dekonpoze, li tounen pousyè. Ge.3 :19
   b. Lespri a retounen jwenn Bondye kote li te soti. Se menm lespri sa ki tounen jwen Bondye lè Jezi mouri. Se sa ki fè li pat rete nan tonbo a plis ke twa jou. Jan.19 :30

c. Nanm nan te nan li lè'l ale nan kote tout mò yo ye a ap tan rezireksyon ak dènye jijman an. 2Korentyen. 4 :16 ; 5 :21
      Dapre Bib la, nanm nan pa kap mouri paske bagay nou pa wè yo, yo pa gen dwa mouri. Nou li sa nan 2Korentyen. 4 : 17-18
3. **<u>Konsa lanmò se separasyon nou menm ak Bondye</u>**.
      a. Se pou yo konnen ke **kò** nonm rich la te antere, men pandan tan saa l'ap soufri nan **nanm** li. Lik.16 :24, 25, 28
      b. Gade ki jan apre plis ke kat mil ane, Jezi al vizite moun yo ki pat kwè nan tan Noye a, pou li bay yo santans yo. Li te fè sa pandan twa jou yo li te anba tè a avan li resisite. 1Pyè 3 :18
      c. Piske nanm nan li **la pou tou tan**, fòk gen yon pisans tou **ki la pou toutan** pou sove nanm nan. Se poutèt sa bib la di nou ke tout richès ki gen sou latè a pa kapab peye pou sove menm yon sèl nanm.
      Mak. 8 :36-37

Pou fini
Jezi ap tann ou kounyeya pou li soufle la vi l nan ou. Vini kounyeya regle zafè Sali nanm ou avè l.

Kesyon

1. Dapre Ansyen Kontraa konbyen pati lòm genyen nan li? Li genyen de pati : Kò a ak nanm nan

2. Dapre Nouvo Kontra a konbyen pati lòm genyen nan li ? Twa pati : Lespri, nanm ak kò a.

3. Ki sak rive ak chak pati sa yo lè nou mouri ?
   a. Kò a dekonpoze, li tounen pousyè jan l te ye
   b. Lespri a retounen jwen Bondye kote l te soti.
   c. Nanm nan rete nan depo ap tann rezireksyon ak jijman l.

4. Ki sa lanmò ye ojis ? Se separasyon ak Bondye

5. Di nou kilès nan kote sa yo moun ki pat kwe nan tan Noye yo ye?
   __ Nan Babilon __ Nan Nouyòk __ Nan depo moun kap tann rezireksyon yo

6. Di si se vre ou si se fo
   a. Yon nanm ki pa gen Jezi nan vi'l li mouri.
      _ V _ F
   b. Moun pa wè nanm se sa ki fè li la pou tou tan.
      __ V __ F
   c. Nanm nan kap viv pou toutan ak Bondye.
      _V _F
   c. Apre lanmò tou bagay fini. __ V __ F

Leson 7
Banbochè yo

Vèsè pou prepare leson an: Jenèz 13:4; Jij. 6:14-15; 8:10; 1Samyèl 16: 11; 17:47; Pwovèb 27: 1; Eklezyas 12:1-2; Ezayi. 1;18; Jeremi 1: 6-9; Danyèl 1:3-4; 3:17-18; Matye 11:28; Lik.14:18-20; Jan 3:36; Ebre 4:7; 1Jan 1:7

Vèsè pou li nan klas la : Lik.14 : 15-24

Vèsè pou resite : Frè m yo, atansyon pou okenn nan nou pa rive gen move santiman nan kè l ki pou fè l pedi konfyans nan Bondye. Ebre. 3 :12

Fason pou fè leson an: diskou, konparezon, kesyon

Bi leson an : Reveye lespri moun yo ki ensousyan sou jijman kap tann yon nan dènye jou a.

Pou komanse
Gen yon bann moun kap moke yo de levanjil. Yo twouve tout kalite eskiz pou yo pa tande Pawòl la.

I. **Men sa yonn di :** *li two okipe kounyeya* :
Sa se yon bizisman ki pale konsa.
Evanjelis la kap di l :
Se egzakteman ou menm ke Jezi ap chèche. Sonje sèlman ke yon minit nan tan w ak Kris se yon gwo depo li ye pou letènite. Jezi se repons la pou tout pwoblèm ou yo : Lik.14 :18-19

II. *M'ap fete kounyeya*
Sete eskiz yon nonm ki fèk marye kant yon wa te envite l nan yon soupe. Dakò, men pouki sa ou pa mennen madanm ou ak ou ? Si ou pa jwen tan pou mèt la nan tan w, li pap ka jwen letènite pou w menm tou. Lik.14 :20

III. *Mwen two jenn pou m ta konvèti kounyeya.*
Evanjelis la kap di l :
Li bon pou w jwi la vi pandan ou jenn. Sèlman fè enpe, kite enpe, paske Bondye pral jije w pou tout sa ou fè. Eklezyas.12:1-2
Sadrak, Mechak, Abed-Nego, David, Jeremi, Gédéyon ak Jan, te jen tankou ou menm, men yo t'ap sèvi Bondye. Jij. 6: 14-15; 8:10; 1Samyèl. 16:11; 17:47; Danyèl 1:3-4; 3:17-18; Jeremi.1: 6, 9

IV. *Mwen two gran moun pou m ta konvèti*
Evanjelis la kap di li dakò:
1. Sèlman Abraram te gen swasant kenzan lè li te jwen ak Bondye. Jenèz 13 : 4
2. Jezi ki vini tankou avoka pou sove nanm ou jodia, se li menm tou kap jij nan tribinal nan denye jou a pou kondane w. Matye 11 :28
3. Piske ou di ou vye gran moun, se yonn nan rezon pou w konvèti tout swit. Demen kap two ta. Jan.3 :36 ; Pwovèb 27 :1 ; Ebre. 4 :7

V. *Mwen fè twòp peche, konvèti pap kap fè anyen pou sove nanm mwen.*
Evanjelis la ka di'l : San Jezi pa gen peche li pa efase. Ezayi.1 :18 ; 1Jan.1 :7

Pou fini
Konnen byen ke Jezi mouri pou peche w, men pa pou eskiz. Ou pap kap vini ak okenn eskiz nan dènye jou a. Se jou pou w rann kont a Mèt la de tout sa ou te fè pandan ou te nan kò a. Pa rate okasyon si la. Pap gen eskiz ankò !

Kesyon

1. Ki sa ki konn anpeche anpil moun konvèti?
   Twòp sousi sou tè saa

2. Bay kèk eskiz yo vini avè l:
   a. Mwen twò okipe
   b. Mwen twò kontan
   c. Mwen twò jenn
   d. Mwen twò gran moun

3. Ki lè li va twò ta ? Kan pòt gras a fèmen

4. Ki jou Bondye sove moun ? Kounyeya

5. Ki sa nou dwe bat pou nou evite? Dènye jijman an

Leson 8
Moun chanèl yo

Vèsè pou prepare leson an: Matye. 4:6; 6:24; 19: 16-23; 11:28; Mak. 8:36-37; Lik.12:15-21; 2Korentyen 4:16-18; 1Timote 6:6-12; Revelasyon 3: 3
Vèsè pou li nan klas la : 1Timote. 6:6-12
Vèsè pou resite: Men moun ki vle vin rich, yo tonbe nan tantasyon. Yo kite yon bann move lanvi sans sans pran yo nan pèlen. 1Timote. 6 :9a
Fason pou fè leson an: Diskou, konparezon, kesyon
Bi leson an : Bat pou nou atire kè moun yo a Levanjil pou yo gen la fwa nan Jezikri.

Pou komanse
Si w ta gen malè mete konfyans ou nan byen ou posede, mwen ta bay ou yon konsey : Al fè yon ti visit nan yon simetyè. Wa gade pou w wè fòs yon bann moun ki te rich. Yo pa la ankò. Evanjelis la ka toujou koute sa moun chanèl yo ap di :

I. *Yo di : « Pi bon mwayen pou yon moun rich pi vit, se pou w jwe daza. Zafè bay vi w a Jezi a pa gen okenn enpòtans.*
Evanjelis la kap di yo :
1. Konnen byen ke renmen lajan fè moun fè tout vye bagay. 1Timote 6 :10
2. Jezikri te di nonm rich la:
   a. «Fè kado tout byen ou yo a pòv malere yo. Matye 6:24;
   b. Kan w fin fè sa, wa vin jwen mwen pou'm bay ou vi pou tout tan an gratis.
      Matye 19 :16-23

Li te vle twoke avè l yon **byen ki pap dire** pou'l bay li yon **byen k'ap dire**. Lik.12 :15

II. **Men yonn di : Mwen pap konvèti paske mwen pa gen rad pou legliz.**
Evanjelis la kap di 'l :
1. Lanmò kap vin pran w san rad. Revelasyon 3 :3
2. Jezi pat mouri pou rad w men se pou nanm ou. Li di : vini jwen mwen jan ou ye a, ma va bay ou repo. Matye. 11 :28

III. *Yon lòt di ke li konnen preske tout chan legliz yo ak pi fò Sòm yo. Bondye toujou pwoteje l. Li pa bezwen chaje relijyon 'l*
Evanjelis la kap di ' l :
1. Konpliman pou tout sa ou konnen an. Sèlman Satan konnen yo tou, men li pa pral nan syèl pou sa. Matye 4 : 6
2. Jezi te plede kòz Sali w e li peye pri a ak san li pou w menm sou Bwa Kalvè a. Matye. 11 :28

IV. **Yonn di : Li twò byen sou tè saa e li pè mouri. Li pa kwe gen yon bagay serye apre lanmò.**
Evanjelis la kap di l :
Pito w komanse pè jijman Bondye kap tann w. 2Korentyen 5 :10
1. Gen yon jou pou w pèdi pye sou tè saa. Byen w yo, sante w, zanmi w, fanmiy w ap kite w. La two ta pou w wè ke sa ou kwè ki pat vre a, li vre tout bon. 2Korentyen 4 : 16-18

Pou fini

Vi nan lòt monn nan se yon bagay tout bon vre wi. Fè chwa w depi kounyeya.

Kesyon

1. Di'm ki moun ou konnen ki te rich sou tè, lè l mouri ki pati ak tout byen matéryèl li yo lòt bò a.

2. Di'm ki moun ou konnen ki rich sou tè a kap viv kontan ak lajan li genyen nan lotri.

3. Di'm ki moun ou konnen ki mouri, yo tere l. Yo transfere pou li nan letènite yon malèt ak dis kostim, senk oto, yon galon dlo, yon aparey pou èrkondisyonen, yon frijidè ak yon bon kash.

4. Dim yon moun ou konnen ki pa konn Bondye ki pap janm mouri.

5. Di'm ki moun ou konnen ke lanmò pè.

6. Montre m kounyeya, si w kapab, wout ki mennen nan syèl ak wout ki mennen nan lanfè. Sinon, ki sa w chwazi? Make' l pou mwen
   __ Jézu ? __Satan ?
   __ Syèl ? __ Lanfè?
   __ Lavi? __ Lanmò?

Leson 9
Moun ki wodomon

Vèsè pou prepare leson an : Sòm 33 :13-19 ; Matye 4 :4 ; 5 :45 ; Jan 3 :16 ; 5 : 39-40 ; Women 3 :10-12 ; 1Korentyen 6 : 2 ; 2Korentyen. 5 :18-20
Vèsè pou li nan klas l : Matye 11 :27-30
Verset à mémoriser : Mwen te fè peche nou disparèt devan zye m tankou nyaj nan syèl la. Tounen vin jwen mwen non, paske se mwen menm ki te delivre nou. **Ezayi. 44 :22**
Fason pou fè leson an: diskou, konparezon, kesyon
Bi leson an : Bat pou retire moun ki wodomon yo nan eta rebelyon yo.

Pou komanse
Moun ki enkredil yo toujou gen yon bann vye lide nan tèt yo pou anpeche yo obeyi Bondye.

I. Ann koute yon nonm ki wodomon : « *Bondye bon pou tout moun. Li toujou reponn priyè m yo. Mwen pa bezwen relijyon w nan.* **Pa vinn la pou w jije m**. Matye 5 :45
Evanjelis la kap di l :
Bondye-Pwovidans la se Papa tout moun nan kreyasyon an. Li te déjà prevwa **tout sa ki nesesè pou fè kò nou dibyen.** Sòm 33 :13
Menm Bondye sa vle gen yon relasyon pèsonèl avè w **pou byen nanm ou.** Se poutèt sa li voye Jezikri pou delivre nou anba chenn peche nou yo. Ou sèlman bezwen mete fwa w nan li **pou nanm ou kap sove.** Matye .4 :4 ; Jan .5 :39-40

II. Yon lò wodomon kap di « **Tout paran m yo ap priye pou mwen. Mwwen pral nan syèl kan menm. Mwen pa bezwen èd ou nan pwen saa.**»

Evanjelis la kap di l :
Konnen ke Sali nanm ou se yon bagay pèsonèl. Jan.3 :16
Mwen vle konprann ke ou vle ale nan syèl. Men ki jan pou w ale la? Glwa a Dye! Jezikri fè pwovizyon pou sa

1. Men ki sa li fè. Li voye monitè pou enstri w. Matye.28:19-20.
2. Li voye anbasadè pou bay ou mwayen pou antre nan wayom li. 2Korentyen 5 : 18-20
3. Si w refize yo, kounyeya ou mèt tann dènye jijman an. Lè sa ou va kontre ak Jezi ki pral chita nan tribinal la tankou jij pou bay ou santans ou. 1Korentyen 6 : 2
   a. Pou byen di w, pèson pa gen dwa envite w nan relijyon l. Se Jezi ki gen dwa envite w pou resevwa Sali pou nanm w. Matye 11:28
   b. Pa kwè tou ke ou bon paske ou pa fimen, ou pa bwè, ou pa jwe daza, ou pa fè sa ki mal a pwochen w. Jezi vini pou l chèche moun ki pèdi. Ou se yonn nan yo.
   Lik.5:32; Women. 3 :10-12

Pou fini
Pa kite lanmò vin twouve w nan eta saa. Li pap tande okenn pawòl w'ap di. Tanpri, depeche w vinn jwen Jezi kounyeya.

Kesyon

1. Ki kote moun wodomon yo al kache?
    a. Nan relijyon yo, nan bon zèv yo ak fwa yo nan bonte Bondye.
    b. Nan renonse a fimen, bwè, jwèt daza ak renonse a fè moun mal.

2. Pouki Bondye fè soley leve ni sou bon moun ni sou moun mechan?
    a. Paske li menm se La Pwovidans ; li la pou byen tout moun.
    b. Li vle gen relasyon pèsonèl ak chak moun li te kreye yo.
    c. Li vle ofri nou bagay ki pi bon pase sa yo k'ap peri a.

3. Ki avantaj nou genyen kant nou gen paran k'ap priye pou nou ?
    Yo ta vle nou sove tou pou nou kap jwi gras Bondye.

4. Ki avantaj nou gen kant n'ap fè wodomon?
    a. Okenn avantaj
    b. Satan le dyab kap kondi nou fasil nan dife lanfè.

Leson 10
Moun ki endiferan

Vèsè pou prepare leson an : Nonb 23 :10 ; Malachi 3 :18 ; Lik.16 : 18-31; Jan 8 :24 ; 10 :28 ; Ebre. 9 :27 ; 10 :31 ; 12 :29

Vèsè pou li nan klas la : Lik.16 : 19-31

Vèsè pou resite : Aaa ! Se yon bagay terib wi pou yon moun tonbe anba men Bondye vivan an! Ebre.10:31

Fason pou fè leson an:Diskou, konparezon, kesyon

Bi leson an : Se pou fè konnen sa ki pral pase a la fen a moun yo ki endiferan an.

Pou komanse

Ala yon bagay ki grav pou yon moun pa konnen ki sa ki pral pase lòm alafen ! An nou koute ki sa yon moun endiferan di :

I. *Tout moun mouri menm jan. Mwen pa wè rezon pou m ta konvèti.*

Evanjelis la kap di 'l :
Nan ka saa, mwen jwen nan Bib la yon pwofèt ak yon bòkò ki wè koze sa yon lòt fason.
1. Bòkò a te rele Balaam. Li i di « moun ki pa jis pa gen dwa mouri menm jan ak moun ki jis. » Nonb. 23 :10
2. Pwofèt la te rele Malachi. Li gen prèv ke gen diferans ant jis yo ak mechan yo. Malachi. 3 :18
    a. Konnen ke lafen nou depann de ki pozisyon nou pran devan Bondye. Jan.8 :24
    b. Ou mèt te montre w endiferan ak Bondye jan w vle, men ou pap janm kap fè endiferan anba jijman l. Ebre. 9 :27

    c. Pa gen moun ki kap evite l.
    d. Se yon bagay terib wi pou yon moun tonbe anba men Bondye vivan an! Ebre.10:31. Paske Bondye nou an se tankou yon dife kap detwi tout bagay. Ebre. 10 :31 ; 12 :29

II. Yon lòt endiferan kap di: « **Mwen de tou repo ak lanmò mwen paske mwen déjà ranje tout bagay ak Konpayi Asirans pou vi mwen.** »

Evanjelis la kap di'l : « Poutan, se kounyeya menm ou bezwen enkyete, paske ou peye Konpayi Asirans Vi a sèlman pou kondi w nan simetyè. Poutan Bwa Kalvè a t'ap mennen w nan syèl.
Jan. 10 :28
1. Pa komèt erè nonm rich la. Li te deja two ta kant li te regret paske li te endiferan a mesaj pawòl Bondye nan bouch predikatè yo. Lu.16 :29

Pou fini

Fòk mwen mande w kounyeya eske w prèt? Yon sèl mwayen pou w evite kondanasyon an se pou w pran Jezi tou swit pou avoka w. Nan dènye jou a, li va chita nan tribinal la pou jije moun yo. Tanpri pa pran okenn chans. 2Korentyen 5 : 10

Kesyon

1. Ki pwoblèm moun yo ki endiferan yo genyen?
   Yo pa pran lavi etenèl la oserye.

2. Ki moun ki bay nou bon ranseyman sou desten jis yo ak enjis yo ?
   Bòkò Balaam ak pwofèt Malachi

3. Pouki sa desten yo diferan?
   Paske yonn ap viv pou Bondye, lòt la ap viv pou le Dyab.

4. Ki avantaj konpayi Asiran Vi yo ofri ?
   a. Lajan pou fineray
      Bèl lantèman pou mennen w nan tonbo w.

5. Ki Konpayi ki bay pi bon asirans vi ? Jezikri

6. Pouki sa? Paske se ou men ki pral jwi l.

7. Ki avantaj nou jwen nan Kwa Kalvè a?
   Jezi kap mennen nou nan syèl.

Leson 11
Moun kazwèl yo

Vèsè pou prepare leson an: Jenèz 12:3; 1Samyèl 17: 49-50; 1Wa. 17:1; 2Wa.4:1-17; Matye. 7:7-8; Jan 14 :6 ; Travay 1:11; Women 5:6; Galat. 3:16; Jak 6:17-18; 2Pyè 1:21
Vèsè pou li nan klas la : Jan .14 : 1-6
Vèsè pou resite : Jezi reponn li : se mwen menm ki chemen an. Se mwen menm ki verite a, se mwen menm ki lavi a. Pèsonn pa ka al jwenn Papa a si la pase nan mwen » Jan.14 :6
Fason pou fè leson an: Diskou, konparezon, kesyon
Bi leson an : Mete moun ki kazwèl yo devan realite la vi a.

Pou komanse
Lè yon moun ap plede fè viretounen devan desizyon enpòtan, li rive yon moman ke li rejte tout desizyon ki gen valè. Se konsa moun kap viretounen fonksyonen. Ki jan yo rezonen?

I. *Yo di : sa ki pou rive a ap rive. Nou pa bezwen bat kò nou.*

Evanjelis la dwe pou l konnen ke moun kazwèl yo toujou reziyen yo pou sak pase pase : yo pa gen ti kras lafwa. Yo priye pou la fòm.
Evanjelis la dwe pou fè moun sa yo konnen ke Bondye deside nan de jan : Li gen volonte souveren li e li gen volonte pou pèmèt kèk bagay
   1. **Nan volonte souveren li, li deside bagay ki pap chanje.**
      a. Depi ki depi, Tè a ap vire fè ronn solèy la. Ke w vle, ke w pa vle.

b. Kan lè a rive, Jezikri tap vini sou planèt saa pou l sove le monn. Women. 5 :6

2. **Nan volonte kote li pèmèt kèk bagay, li kite nou fè yo, men li pa pase nou lòd pou fè yo.**
   a. Lòm lib pou fè plan l. Bondye pap anpeche l.
   b. Li respekte volonte nou, men li toujou rekomande priyè pou nou kap gen konsantman l. Jeremi. 10 :23; Matye. 7 : 7
   Repons la kap vini an, li pap vini pa aza. Ou mèt te mande pwofèt Eli, li kap di w.
   1Wa.17 :1 ; Jak.5 : 17-18
   c. Se pa't yon aza kan lwil la te vini an abondans kay vèv la, e ke li te sispans koule sèlman paske li pat gen kont veso pou mete rès la. 2Wa.4 :1-17
   d. Se pa't yon aza kan David, yon ti bèje ki te genyen disètan, te touye Goliat yon veteran nan lagè ak yon sèl kout wòch.
   1Samyèl 17 :49-50
   e. Se pa't yon aza kan tout pwofesi yo te akonpli. 2Pyè.1 :21
   f. Se pa't yon aza kan Jezikri te mouri, li resisite e apre li monte nan syèl la. Travay. 1 :11
   g. Se tankou ou te bay Jezi yon kalòt si w ta demanti deklarasyon sa li fè kant li te di : « Mande wa resevwa. Frape ya louvri pou w. chèche wa va jwen.» Pa gen aza nan sa !
   Matye 7 :7-8
   h. Pou n fini, ou menm kap pale a ou pa yon aza. Ni lanmò, ni syèl la, ni lanfè ak jijman Bondye, yo pa aza non plis. Ebre.9 :27

Pou fini
Bondye chwazi w. Dakò ak chwa a. Asepte Jezi pou Senyè w ak sovè w. Pa gen moun ki pral nan syèl san 'l pase pa li. Jan 14 :6

Kesyon

1. Ki sa moun kazwèl la ye? Yon moun ki reziye.

2. Ki relasyon li genyen ak Bondye? Li pa gen la fwa.

3. Ki sa li dwe konnen ? Volonte souveren ak volonte sa Bondye pèmèt.

4. Ki sa sa vle di « Volonte souveren Bondye » Desizyon li pran ki pap janm chanje.

5. Ki sa sa vle di « Volonté sa Bondye pèmèt. » ? Se bagay Bondye kite nou fè san li pat mande nou fè l.

6. Ki jan nou ta pran yon moun kap demanti sa Bondye di? Se tankou li te bay Bondye yon kalòt.

7. Ki sa ki kap rive yon moun ki pran tout bagay ki rive ou di se aza? Moun sa ka rive devan jijman Bondye a san li pat pare pou sa.

Leson 12
Bann fo rezonman yo

.Vèsè pou prepare leson an : Jenèz 7 :16 ; Pwovèb. 14 :12 ; Lik.13 :22-30 ; Jan 3 :7 ; 10 :16 ; 14 :6 ; Travay 4 :12 ; Efezyens.2 :8 ; 2Korentyen 6 :2 ; Ebre. 4: 4-9
Vèsè pou li nan klas la : Lik.13 :22-30
Vèsè pou resite : Fè jefò pou n antre nan pòt jis la. Paske m'ap di nou sa, anpil moun va seye antre, yo pap kapab. Lik.13 :24
Fason pou fè leson an : diskou, konparezon, kesyon
Bi leson an : Bay moun yo direksyon pou yo jwen Jezi pou Sovè yo.

Pou komanse
Gen moun ki fè anpil viretounen malgre tou yo pa jwen verite a. An nou fè mizopwen pou yo.

I. *Ant Samdi ak Dimanch ki lès nan yo ki kap sove moun.*
   Men repons la:
   Pa gen yonn nan yo. Se Jezi sèl ki kap sove yon moun, gras a sakrifis tèt pa l sou bwa Kalvè a. Sali a pa nan yon jou. Li pa gen dat. Wa'p sove jodia menm, si w obeyi a vwa Senyè a k'ap pale a kè w. 2Korentyen 6 :2 ; Ebre. 4 :4-9

II. *Mwen obsève Saba, mwen kwè nan pwofèt yo. M'ap tan Jezi k'ap vini.*
   Men repons la:
   Se konsa jwif yo te panse, menm Rabay jwif la yo te rele Nikodèm te kwè konsa. Li pran Jezi tankou yon doktè ki pran diplòm li kay Bondye, men li pat wè nan li Mesi a. Jezi di li :
   Pa sezi si m di w. Fòk ou konvèti.» Jan 3 : 7

Tout kretyen konnen ke Jezi te vini. Kounyeya y'ap tann li retounen. Jan 14 : 3 ; Acte.1 : 10-11

II. Si se 144,000 mil moun k'ap sove, pouki sa pou m al asepte Jezikri pou Sovè m?

Men repons la:
1. Jezi vin ofri Sali a tout moun, ni jwif, ni payen. Jan 3 :16 ; Travay .1 :8 ; Ebre. 2 :3
   a. Li priye menm pou moun ki gen pou yo konvèti gras a mesaj apòt yo. Jan.17 :20
   b. Li rele yo ti brebi ki poko antre nan patiraj la e ke li dwe fè yo antre. Jan 10 :16
2. Chif 144,000 reprezante jwif mesianik yo ki pami 12 tribi Izrayèl yo. Men apòt Jan te pale tou de moun nan tout tribi, nan tout lang ki va nan syèl la. Revelasyon 7 :9

III. Pa mande m pou m chanje relijyon m.
   1. **Men repons la :**
      Relijyon an ki sove moun nan, li pa egziste. Se Jezi sèl ki sove moun. Travay. 4 :12
   2. Ou kap wè relijyon w nan bon, men se nan lanmò l'ap mennen w paske relijyon pa mennen moun nan syèl. Pwovèb.14 :12
   3. Jezi di : Pa gen moun ki kap rive jwen papa a si ou pa pase pa li. Jan.14 :6

Pou fini
Degaje w vit pou w antre nan pòt Gras la avan l fèmen. Lik.13 :25

Kesyon

1. Di nou nan jou sa yo ki lès ki sove moun
   __ Samdi __ Dimanch _ Pa gen yonn ki sove moun
2. Ki pozisyon moun kap obsève Lwa Moyiz la pa rapò a Jezikri?
   Y'ap tann Jezikri k'ap vini.

3. Ki pozisyon moun yo ke Jezi sove pa gras la?
   Y'ap tann Jezikri kap retounen.

4. Konbyen moun ki pr'al nan syèl la ?
   Tout moun ki rachte yo ke Jezi sove pa gras li

5. Ki sa moun nan tan Noye a te gen pou yo fè pou yo sove ?
   Sèlman pou yo te asèpte antre nan lach la

6. Ki sa pou n fè pou nou sove ?
   Asepte Jezikri pou Senyè ak Sovè w.

Lis vèsè yo

1. Jan sa ekri nan Liv la : Nan pwen moun ki gen rezon devan Bondye. Non, pa menm yon grenn. Women.3:10

2. Tout sa ki ekri nan Liv la, se nan Lespri Bondye a yo soti. Y'ap sèvi pou montre moun verite a,pou konbat moun ki nan lerè, pou korije moun k'ap fè fòt, pou montre yo ki jan pou yo viv byen devan Bondye. 2Timote 3 :16

3. Nou mèt pare kò nou pou n'al kontre ak Bondye nou an. Amòs.4 :12b

4. Mwen di nou : Non. Men si nou menm nou pa tounen vin jwen Bondye, nou tout n'ap peri menm jan an tou. Lik.13 :3

5. Pawòl la tounen moun. Li te vin viv nan mitan nou, li mennen yon vi ki te konfòm net ak verite a, ak renmen nan tout kè li. Jan 1 :14a

6. Kisa sa ta sèvi yon moun pou'l ta genyen lemonn antye si'l ta pèdi lavi'l ? Mak. 8 : 36

7. Frè m yo, atansyon pou okenn nan nou pa rive gen move santiman nan kè l ki pou fè l pedi konfyans nan Bondye. Ebre. 3 :12

8. Men moun ki vle vin rich, yo tonbe nan tantasyon. Yo kite yon bann move lanvi sans sans pran yo nan pèlen. 1Timote. 6 :9a

9. Mwen te fè peche nou disparèt devan zye m tankou nyaj nan syèl la. Tounen vin jwen mwen non, paske se mwen menm ki te delivre nou. Ezayi. 44 :22

10. Aaa ! Se yon bagay terib wi pou yon moun tonbe anba men Bondye vivan an! Ebre.10:31

11. Jezi reponn li : se mwen menm ki chemen an. Se mwen menm ki verite a, se mwen menm ki lavi a. Pèsonn pa ka al jwenn Papa a si la pase nan mwen » Jan.14 :6

12. Fè jefò pou n antre nan pòt jis la. Paske m'ap di nou sa, anpil moun va seye antre, yo pap kapab. Lik.13 :24

Evalyasyon Pèsonèl

1. Ki pwen nan 12 leson yo ki te pi touche w ?
   _____

2. Ki sa ou jwen nan li
   a. Pou tèt pa w ?
   _____
   b. Pou fanmiy w ?
   _____
   c. Pou Legliz w ?
   _____
   d. Pou peyi w ?
   _____

3. Ki desizyon ou vle pran imedyatman apre klas la ?
   _____

4. Men sijesyon, mwen (Untel), me sijesyon mwen pou Lekòl dimanch nan Legliz mwen :
   a._____
   b._____
   c._____

5. Kesyon pou w reponn a tèt ou sèlman
   a. Ki sa mwen vo pou Legliz la depi mwen la ?
   b. Ki sa mwen vle fè pou li vin pi miyò ?
   c. Si Jezi vini kounyeya, eske m pap wont akòz jan de fwi yo mwen kap prezante l ?

Dife 15-Seri 2

Gras la, yon favè nou pa merite

Avangou

Men yon bagay pèson pa ka nye : Depi menm jou lòm peche, li te yon koupab Bondye bay libete pwovizwa : Kòz li a tèlman grav ke li pral konnen lanmò pou li.
Pa konsekan, li gen bezwen pou l pran yon bon jan avoka ki pap vann pwosè'l pou plede kòz li. Li te gen konfyans a dis komandman, a rit ak seremoni, li te konte sou bonzèv li ak edikasyon l. Yo tout rale kò yo paske depans ki pou fèt pou wete lòm nan lanmò sou poto a, pèson pa kap peye l. Relijyon rale soti. Zèv sosyal rale soti. Se nan moman saa, Jezikri vin ofri tèt li pou l peye dèt peche nou. Li vin pran lanmò a nan plas nou. Se pou rezon sa li ka di : « Si Pitit la bay ou libète, ou lib tout bon vre. » Lè li fin peye pou nou, li di nou lib. Men sa nou rele gras la.
Nap priye pou seri leson saa ka ede nou konprann pi byen valè Sali nou jwen gratis la, Sali Jezi peye kash pou nou an, ak yon sèl chèk, sou bwa Kalvè a.

Pastè Renaut Pierre-Louis

Leson 1
Gras la, favè Bondye nou pat merite

Vèsè pou prepare leson an : Ezayi.53 :5 ; Mak.8 :37; Jan.3:16; Women.3 :23 ; 8:1 ; Efezyen.2 :8-10; 1Pyè.2 :19-20 ; 4 :16

Vèsè pou li nan klas la : Ezayi.53 :1-5

Vèsè pou resite : Se paske li renmen nou ki fè li delivre nou, nou menm ki mete konfyans nou nan li. Sa pa soti nan nou menm menm, Se yon kado Bondye ban nou. Ef.2 :8

Fason pou fè leson an: Diskou, diskisyon, konparezon, kesyon

Bi leson an : Montre ke lajan nan tout Bank nan le monn antye pa kapab peye mwatye tikè vwayaj yon nanm pou l ale nan syèl.

Pou komanse
« Tande yon koze : « Mwen fè pa w» Ki pi bon koze pase sa, pou yon moun ki kondanen a mò, tande nan zorèy li ? Ki jan pou l ta pran koze saa ?

I. **Li dwe gen sansayon libète a. Pouki sa?**
   1. Se paske li te merite mouri pou sa l te fè.
   2. Li pat kapab sove tèt li.
   3. Li twouve yon moun ki vle peye pou li. Se sa nou rele gras, yon favè ou pat merite! Ef.2 :8
   4. Men sityasyon yon pechè Bondye padonen.

II. **Li dwe gen la rekonesans.**
   1. Li kontan !
   2. Li pra l temwaye sa Bondye fè pou li. Ki jan ?
      a. Li va bay Bondye glwa pou sa li jwen jodia nan Jezikri. 1Pyè.4 :16

b. Li asèpte soufri, si se nesesè pou Sovè a. 1Pyè. 2 :19-20

I. **Li dwe kontan konbyen libète l la koute.**
   1. Lajan tout bank nan le monn pat kapab peye pri Sali l. Mak.8 : 37
   2. Jistis Bondye egzije kondanasyon koupab la. Women.3 :23
   3. Amou Bondye ofri l pou l sove koupab la. Ki jan pou jistis li ak amou l jwen ansanm ?
      a. Jezi ki tan renmen nou asepte pran lanmò a nan plas nou. Jan.3 :16
      b. Se pou rezon saa nou jwen la pè pandan ke chatiman nou te dwe sibi a tonbe sou li. Ezayi. 53 :5
   4. E depi lè saa, pa gen kondanasyon pou moun ki nan Jezikri. Women.8 :1

Pou fini

Kan nou sonje jan nou te pèdi, byen lwen lapè Bondye, jodia, an nou montre rekonesans a Bondye ki te bay nou Jezikri pou sovè nou.

Kesyon

1. Ki pi bon mo yon moun kondanen a mò k'ap tande? « Nou fè pa w »

2. Pouki sa li santi l lib?
    a. Paske li te merite chatiman pou sa l te fè.
    b. Paske l pat gen mwayen pou peye libète l.
    c. Paske li benefisye yon favè espesyal.

3. Ki santiman nou kap atann de yon moun konsa ?
    a. La rekonesans.
    b. Yon kè kontan
    c. Yon devouman pou sèvi mèt li, menm pou l soufri e mouri pou li.
    d. Li dwe bay Bondye glwa pou sa li ye jodia.

4. Ki jan tranzaksyon an te fèt ?
    a. Jistis Bondye reklamen kondanasyon a mò pou koupab la.
    b. Amou Bondye reklamen libète pou koupab la.
    c. Pou satisfè toulede, Jezi ofri tèt li an sakrifis pou l kontante ni nou ni papa l.

5. Ki jan pechè a fè sove?
   Se Bondye ki fè pa l kant li kwè nan Jezi pou sovè l

Leson 2
Ki sa Gras la gen ladan

Vèsè pou prepare leson an : Jenèz.2 :1-17 ; 3 :9 ; Sòm.82 :6 ; 2Korentyen.6 :2 ; Efezyen.1 :4 ; 2 :8 ; 2Timote.1 :9

Vèsè pou li nan klas la : Efezyen.2 :1-10

Vèsè pou resite : Sou pwen saa, Bondye montre nou jan li renmen nou anpil. Paske nou t'ap fè peche toujou, lè Kris la mouri pou nou. Women.5 :8

Fason pou fè leson an: Diskou, diskisyon, konparezon, kesyon

Bi leson an : Montre ki sa Bondye fè pou sove pechè yo.

Pou komanse
Ki jan ou kap pale de gras, si pat gen moun ki koupab ? An nou wè ki jan Bondye wè pechè a.

I. **Li wè l tankou yon Papa ki wè pitit li an danje.**

   1. Lòm se pitit li. Yo sanble tèt koupe. Se domaj pitit la fè yon zak ki merite lanmò pou sa.
   Sòm .8 :6 ; 82 :6

   a. Gade ki jan Bondye papa nou bati yon bèl bitasyon pou mete pitit li. Li di l ki jan pou l viv la dan, ki regleman pou l swiv.
   Jenèz. 2 :8, 15-17

   b. Li bay li yon madanm ak travay pou l okipe madanm ni. Jenèz.2:15-17

   c. Li pa jennen l nan anyen. Li pa mare pye l. Jenèz 2:15

   d. Yon lè konsa, Bondye bay li yon ti visit pou l sa wè ki jan lòm ap mennen.

II. **Sèlman Bondye konnen davans ke lòm pap ka kenbe.**
   1. Se sa ki fè li pa sezi kant lòm chite.
   2. Se pa pou sa ke li eskize lòm pou fòt li paske li te kite l lib pou l fè sa li vle, men li pat bay li lisans.
   3. Depi avan kreyasyon an, Bondye te wè chit la e mwayen pou sove lòm gras a Jezikri. Efezyen.1 :4 ; 2Timote.1 :9
      a. Kan Bondye mande Adan kote li ye, sa pa vle di li pat wè l, paske Bondye wè tout bagay, li konnen tout bagay. Jenèz.3 :9
         Li vle di l : « nan ki kondisyon mizerab ou mete tèt ou la ? Tankou yon papa ta di : « nan ki tèt chaje ou mete m la ?
      b. Kan Bondye di l : « Eske w te manje fri mwen te di w pou w pat manje a ?», Li sèlman vle di Adan ke « ou peche, e la menm, ou mete m nan obligasyon pou m retire w nan kondisyon saa tout swit. Jan.3 :16
      c. Lòm pa gen anyen li kontribye pou Sali li. Se sa nou rele gras la. Se yon kado Bondye fè nou. Efezyen.2 :8

Pou fini
Tanpri souple, pa resevwa gras Bondye a an ven paske lè nou te pèdi, Kris vin sove nou. 2Korentyen.6 :2

Kesyon
1. Ki lè yon moun ka pale de gras?
   Kan se moman pou padonen yon koupab
2. Ki jan Bondye wè pechè a?
   a. Ak kè sansib yon bon papa.
   b. Se pitit li ki tonbe nan pwoblèm.

3. Eksplike pouki sa Bib la di nou menm se ti Bondye nou ye? »

Se paske se Bondye papa nou ki fè nou sanble ak li tèt koupe.

4. Ki jan Bondye etabli kondisyon de yon papa a yon pitit ?
   a. Li fè kay mete l. Li komanse yon biznis pou li
   b. Li bay li regleman pou l fonksyonen.
   c. Li bay li madanm, li marye l e li beni l.
   d. Li bay li tout libète pou l fè sa li dwe fè.

5. Piske Bondye fè tout bagay, pouki sa li pat anpeche lòm chite?

   Bondye te konnen ke lòm pral chite paske li konnen ak ki nou fèt. Men depi davans li prevwa mwayen pou sove lòm avan menm li te kreye lòm.
   a. Li konnen tout sa nou kap sipòte.
   b. Lòm lib pou pran desizyon l vle.
   c. Men si li saj, li ta dwe envite Bondye nan tout sa l'ap fè.

6. Piske Bondye tout patou, pouki sa li mande Adan ki kote li ye ?

   Li vle di l : Nan ki tèt chaje ou vin mete m ?

7. Piske Bondye konnen tout bagay pouki sa li mande Adan « Eske w te manje fwi a, mwen te defann ou manje a ?

   Li te vle di Adan ke li peche, e la menm li mete Bondye nan obligasyon pou l retire l nan kondisyon saa tout swit.

8. Ki sa lòm dwe fè pou l sove? Anyen. Se gras Bondye fè l. Li dwe asepte'l pa la fwa.

Leson 3
Ki sa la gras la revele

Vèsè pou prepare leson an : Egzòd.33 :20 ; Ezekyèl .36 :21-23 ; Lik.15 :21 ; Jan.1 :12 ; 13 : 23 ; Women.3 :24 ; Efezyen.2 :8 ; Ebre.6 :4-6 ; Tit.2 :11 ; 3 :5 ; 1Jan.4 :8

Vèsè pou li nan klas la : Efezyen.2 :11-16

Vèsè pou resite: Men Bondye ki renmen yo, li fè yo gras . Li f'e sa pou yo gratis, gremesi Jezikri ki vin deliver yo. Women 3 :24

Fason pou fè leson an : Diskou, diskisyons, konparezon, Kesyon

Bi leson an : Montre ki jan gras la revele amou Bondye nèt ale.

Pou komanse

Nou pa tap janm konnen jan Bondye renmen nou si'l pat pote nou sekou nan moman nou te gen gran bezwen l. Me sa nou rive dekouvri:

I. **Nan zafè gras la, nou vin dekouvri nèt ki sa Bondye ye:** Bondye se lanmou. 1Jan.4 :8

Lè lòm pèdi, Bondye pa dakò pèdi yon pati de li menm ki nan nou. Konsa li dwe fè tout mwayen pou sove lòm.

II. **Nan zafè gras la, nou vin twouve nou ankò nan kominyon ak Papa nou.**

Pechè pèdi ke nou te ye, nou vin benefisye yon sèl posiblite pou nou retounen nan relasyon ak Bondye nou an ki sen.

1. Li pat delivre nou paske nou te fè kèk bagay ki bon, men paske li menm li te gen pitye pou

nou. Li delivre nou lè li lave nou, li voye pouvwa Sentespri li nan nou pou chanje nou nèt, pou n te ka viv yon lòt jan. Tit.3 :5
2. Ayè, nou pat kap wè Bondye an fas pou nou te viv. Egzòd.33 :20
3. Jodia, li rachte nou, li adòpte nou kòm pitit li. Nou gen dwa menm kouche sou lèstomak li tankou Jan te fè. Jan.1 :12 ; 13 : 23
4. Li fè tout bagay sa yo pou nou, pou l pa pèdi repitasyon'l nan moman nou t'ap fè tout sa ki mal. Ez. 36 : 21-23 ; Lik.15 : 21

III. **Li ofri gras a tout moun san distenksyon.**
Tit.2 :11
1. Jezi bay nou Sali a gratis. Women. 3 :24
2. Nou sèlman bezwen resevwa l pa la fwa. Efezyen.2 :8
3. Nou dwe konstate nan la mò li tout konsekans peche nou, pou nou pa rekomanse. Ebre.6 :4-6

Pou fini
Lè nou fin wè tout sa gras la fè, pou ki rezon pou nou pa chante : Mwen pa konnen pouki sa Kris renmen m? Tout bon, Jezi admirab!

Kesyon

1. Ki sa gras la revele nou ?
   Li fè nou konnen ke Bondye se lanmou.

2. Ki pwovizyon nou jwen nan gras la?
   a. Pechè a ki repanti retounen nan kominyon ak Papa li ki nan syèl la.
   b. Li vin yon pitit Bondye adopte.
   c. Li gen dwa gen kontak dirèk ak Papa Bondye ki nan syèl la.

3. Eske Bondye fè distenksyon nan gras la?
   Non. Li ofri l a tout moun sou la tè.

4. Ki jan pou w jwen gras la ? Pa la fwa.

5. Ki sa nou kap espere de yon pitit Bondye ?
   a. Ke li konsidere konbyen Sali a koute pou l pa meprize l.
   b. Ke li temwaye tout patou pou di sa Bondye fè pou li.

Leson 4
Sa Gras la akonpli

Vèsè pou prepare leson an : Matye.16 :21-23 ; 27 :13-14 ; Lik.9 :51 ; 23 :9 ; Jan.10 :16-18 ; 18 :8 ; 19 :30 ; Women.3 :23 ; 6 :23

Vèsè pou li nan klas la : Women.3 :21-26

Vèsè pou resite : Men se pou peche nou kifè yo te mete san'l deyò konsa. Ezayi.53 :5a

Fason pou fè leson an : Diskou, diskisyon, konparezon, kesyon

Bi leson an : Montre ki jan Bondye fidèl pou l sove nou nèt ale.

Pou komanse
Si Bondye te sove nou akondisyon pou nou peye dèt la, ki moun ou ta kwè ki pa t'ap dwe? Tout moun dwe. E ki sa li fè pou retire dèt la sou do nou?

I. Jezi pran tout chaj la pou li
1. Se yon bagay ki klè : tout moun peche, tout moun kondanen amò pou peche yo. Women.6 :23
2. Se yon eritaj Adan kite pou nou. Nou genyen l nan san nou. Sa la kòz nou pap janm wè Bondye. Women.3 :23
3. Jezikri pat komèt okenn peche, men se li jodia ki pr'al pase nan sakrifis. Li bay vi li, apre sa pou l reprann li. Jan.10: 18

II. Jezi pa menm panse defann tèt li.
1. Li menm anonse disip yo davans ki jan li pr'al mouri, ke li pr'al resisite. Matye.16 :21

2. Li kouri dèyè Pyè ki te vle dekouraje l pou l pa't ale mouri sou kwa a. Matye. 16 : 22-23
3. Kan lè a preske rive pou l al mouri, li pran wout pou Jerizalem, kote yo pral sakrifye l la.
Lik. 9 : 51
4. Kan solda yo vin pou arete l, yo komanse mete men sou disip yo. Li di yo : « Si se mwen n'ap chèche, me mwen. Lage disip mwen yo.»
Jan.18 :8
5. Li pa rache yon mo devan Ewòd ki t'ap poze l kesyon, se dekwa pou l pa trayi m, mwen menm ki koupab tout bon an. Lik.23 :9
6. Li fè menm jan an devan Pilat. Matye.27 :13-14
7. Lè l'ap trepase, li di: «Tout bagay fini atò ». Sa vle di : « Misyon m akonpli.» Jan.19 :30

Pou fini
Lanmò Jezikri se pri li peye pou nou jwen gras la. Tanpri pa resevwa gras Bondye a pou gremesi. 2Korentyen.6 :1

Kesyon

1. Ki sa ki kòz kondanasyon an ? Tout moun peche.

2. Ki kote kondanasyon an soti?
Nou tout, nou pote peche Adan an nan san nou.

3. Montre ke Jezi fè tout bagay pou defann nou.
   a. Li pa chèche defann tèt li.
   b. Li bay disip yo anons sou lanmò li ak rezireksyon l.
   c. Li kouri dèyè Pyè ki te vle dekouraje l pou l pat konnen lanmò sou kwa a.

- d. Kan lè sakrifis la pre rive, li monte tou dwat a Jerizalèm, kote pou sakrifis la te fèt.
- e. Li pa kite solda yo mete men sou disip yo.
- f. Li fèmen bouch li devan Ewòd ak Pilat pou l pa denonse mwen menm ki koupab la.
- g. Alafen lè l'ap trepase li rele fò pou l di : Tout bagay akonpli ».

4. Konbyen gras la koute ? Lanmò Sovè a

5. Di si se vre ou si se fo
   - a. Dis komandman ka sove yon moun. __V__ F
   - b. Bondye te kap touye yon mechan nan plas nou pou sove nou. _ V _ F
   - c. Se ak gras la nou sove. _ V _ F
   - d. Si w pa gen la fwa ou pa kap sove. __ V __ F

Leson 5
Gras nan tout dimansyon l

Vèsè pou prepare leson an : Matye.11 :28 ; Jan. 1 :16 ; 3 :16 ; 12 :32 ; Travay.2 :38; Women.1 :16 ; 3 :23 ; 2Korentyen.6 :1 ; Efezyen. 1 :4 ; 2 :1-6 ; 3 :13-21 ; Tit.2 :11

Vèsè pou li nan klas la : Efezyen.3 : 13-21

Vèsè pou resite : Nou tout nou resevwa pa nou nan tout kantite byen'l yo. Li ban nou favè sou favè. Jan.1 :16

Fason pou fè leson an : Diskou, diskisyon, konparezon, kesyon

Bi leson an: Prezante lanmou Bondye pou pechè yo nan tout dimansyon l sou bwa Kalvè a.

Pou komanse

Nou pap janm kap mezire tout dimansyon gras Bondye gen pou nou, toutotan ke nou pa ale kanpe devan Bwa Kalvè a. Se la na va wè longè'l, lajè' l, otè 'l ak fondè' l. An nou gade:

I. **Longè gras la.**
   1. Longè li soti nan etènite pase a jouk nan etènite kap vini an.
   2. Konsa avan chit nou, Bondye prevwa Jezikri pou parachit nou. Efezyen.1 :4

II. **Lajè gras la**
   1. Bondye ofri gras la a tout moun sou planèt kelkeswa fòt ou komèt la. Travay.2 :38; Tit.2 :11
   2. Li ofri l tou dabò a Jwif yo. Women. 1 :16
      Answit a payen yo, sa vle di tout moun ki pa jwif. Jan.3 :16

III. **Fondè gras la.**
1. Gras La al chèche nou menm nan kote ki pi santi, pi kowonpi nan la vi nou. Jezikri pa mete ni gan nan men'l, ni mask nan figi' l pou 'l desann nan labou santi peche nou, pou 'l rache nou anba grif Satan le Dyab. Efezyen.2 : 1-6
   a. Li pran nou nan vodou, nan adorasyon zidòl, nan relijyon nou, nan banbòch fanm ak gason,
   b. Nan dannsin , nan kazino
   c. Nan dwòg, nan inyorans nou. Li mache rache nou toupatou.
2. Li pa fè diferans ant peche mòtèl ou byen peche venyèl. Li konnen tout moun kondanen, konsa tout moun bezwen sove, pou yo jwen padon anba gras la. Women. 3 :23

IV. **Otè gras la.**
Gras la leve nou nan menm otè ak Senyè a. Jezi menm te deklare ke kant yo leve l sou tè a, sa vle di kant yo va krisifye'l pou pwent pye 'l pa touche tè, l'ap atire tout moun a li menm. Jan.12 :32
Depi de mil an Jezikri ap atire w. Si ou pa vle vini a li, ou sanse de mil fwa enkredil. Matye. 11 :28

Pou fini
Depeche w zanmi vin jwen Kris avan Pòt Gras la ta fèmen. Jenèz.7 :16 ; Matye.25 :10-11

Kesyon

1. Ki kote pou nou sa jwen tout dimansyon gras Bondye? Sou kwa Kalvè a

2. Ki longè gras la?
   Li komanse nan letènite pou'l ale nan letènite.

3. Ki lajè gras la?
   Li etann li sou tou moun ki sou planèt la.

4. Ki fondè gras la ?
   Bondye desann al chèche nou nan kote ki pi fon nan peche nou an san li pa pwoteje tèt pa l.

5. Ki otè gras la ?
   a. Li komanse depi nan syèl jouk li rive sou tè a.
   b. Li soti nan fon kè Bondye pou l jwenn ak tout moun isiba.

6. Bay nou kèk kote ou jwen pechè yo pi fasil.
   Nan vodou, nan relijyon, nan dannsin, nan dwòg, nan linyorans yo, nan banbòch fanm ak gason.

Leson 6
Benefis nan Gras la nou pa ka kalkile

Vèsè pou prepare leson an: Ezayi.65 :24 ; Women.8 :16 ; Jan.14 :3 ; Efezyen.1 :5, 13-21 ; 2 :18 ; 4 :24 ; 5 :25-33 ; Ebre.1 :14 ; 1Jan.3 :2

Vèsè pou li nan klas la : 1Jan.3 :1-3

Vèsè pou resite: Mezanmi, kounyeya nou se pitit Bondye. Nou poko konnen egzakteman sa nou pral tounen. Men, nou konnen lè Kris la va parèt, nou pral tounen tankou l, paske nou pral wè l jan'l ye a. 1Jan.3:2

Fason pou fè leson an: diskou, diskisyon, konparezon, kesyon

Bi leson an: Fè kretyen yo konnen ke yo dwe fyè paske yo pitit Bondye.

Pou komanse

Apre tout sa nou sot tande a, eske nou konnen ke gras la ale pi lwen pase padon an ? Gade pou nou wè :

I. **Gras la bay nou dwa pou nou patisipe nan tout richès Bondye.**
   1. Jan di «se pitit Bondye nou ye ». 1Jan.3 :2
   2. Bondye adòpte nou pou nou eritye ansanm ak pitit li Jezikri. Women. 8 : 16 ; Efezyen. 1:5
      a. Nou vin tounen yon moun ki chanje, ki nan gou Bondye, ki libere gras a la fwa, e li mete nou apa pou sèvi l. Efezyen. 4:24
      b. Li tanpe nou ak so Sentespri a. Li sèvi pou nou tankou yon resi. Chak lè nou wè, fwa nou gen plis fòs. Efezyen. 1:13, 14
   3. Nou kap jwen ak papa nou nenpòt lè, gras a pisans Sentespri a. Efezyen. 2:18 ; 3:12

a. Nou vin fiyanse ak Kris pou nou marye avè'l. Efezyen. 5:25-33.
   b. Nou menm ki te pechè, moun san valè, kounyeya, nou gen plas resève a kote Kris nan syèl la. Jan.14 :3 ; Efezyen.1 :19-21 ; 2 :6
   c. Li mete anj gade nou. Ebre.1 :14
   d. Konsa li resevwa tout mesaj nou yo. Telegram nou yo pa pran delè pou yo rive e pou repons vin jwen nou. Ezayi.65 :24

Pou fini

Bondye pa gran pè nou ni bopè nou. Se papa nou li ye. Li konnen tout obligasyon anvè nou. Li bon e li kapab. Ou pa ta renmen gen bon relasyon avè l? An avan non ! Ou pa gen anyen w'ap pèdi.

Kesyon

1. Ki sa gras la fè pou nou ?
   Li bay nou pèmisyon pou nou jwen tout richès ki gen nan Bondye.
2. Ki sa ki fè gras la ale pi lwen pase padon an?
   a. Paske nou vin pitit lejitim Bondye.
   b. Nou gen dwa eritaj lavi etènèl ak Jezikri.
   c. Nou gen letanp Sentespri sou nou.
   d. Nou gen dwa jwen ak papa nou san fè demach.
   e. Nou gen plas ofisyèl a kote Kris nan syèl la.
3. Di nou omwen twa privilèj kretyen an genyen anba gras la.
   a. Bondye reponn priyè l.
   b. Kan li gen ka ijan, li pa menm tan priyè a monte, li vin jwen ak nou nan wout.
   c. Li mete anj la pou sèvi nou nwit kon jou.

Leson 7
Tout Don ki mache ak Gras la

Vèsè pou prepare leson an: Lik.15:22; Jan.6: 1-13; Women.12:8; Efezyen. 4 :11-13 ; 5 :15 ; 2Pyè.1 :8 ; 1Korentyen.12 :1-10

Vèsè pou li nan klas la : Efezyen.4 :11-13

Vèsè pou resite : Se Bondye ki fè nou. Nan Jezikri, li kreye nou pou nou ka fè anpil bon zèv nan lavi nou, dapre sa li te pare davans pou nou te fè. Efezyen 2 :10

Fason pou fè leson an Diskou, diskisyon, konparezon, kesyon

Bi leson an: Mete anvi nan kretyen yo pou yo sèvi Bondye ak don li bay yo.

Pou komanse

Lè Bondye sove nou, li gen yon lòt rezon pou sa. Li vle nou vin asosye l. Se sak fè, depi li rele nou, li di nou « vin resevwa enstriksyon l. »

I. **Premye bagay li fè, li bay nou inifòm**
1. Li abiye nou ak manto lagras la ak manto jistis li. Lik.15 : 22
2. Li pase bag fiyansay la nan dwat nou. Sa vle di li rekonsilye ak nou e li padonen nou an menm tan pou mal nou te fè. Lik.15 : 22
3. Li bay nou yon soulye yo rele zèl pou'n gen pèseverans. Efezyen. 6 : 15
4. Konsa pa gen yon kretyen tout bon ki ka di li pap sèvi Bondye. 2Pyè.1 :8

II. **Dezyem bagay li fè, li bay nou ekipman nesesè**
1Korentyen.12 :7. An nou wè ekipman yo:
1. Se don sajès ak egzotasyon.

Women.12: 8; 1Korentyen. 12 : 8
2. Se don lakonesans. 1Korentyen.12 :8
3. Se don lafwa. 1Korentyen.8 :9
4. Se don gerizon. 1Korentyen.12 :9
5. Se don pou fè gwo mirak. 1Korentyen.12 :10
6. Se don profesi. 1Korentyen.12 :10
7. Se don bon rezonnman. 1Korentyen.12 :10
8. Se don pale lòt lang. 1Korentyen.12 :10
9. Se don pou tradwi lang yo. 1Korentyen.12 :10
10. Se don ede lòt moun ak don mizerikòd. Women. 12 : 8 ; 1Korentyen.12 : 28
11. Se don dirije. Women.12: 8; 1Korentyen.12:28
12. Se don de bay ak kontribye. women.12 : 8

Douz don sa yo fè nou sonje douz panye pen yo ki te rete apre mirak pen ak pwason an. Jan.6 : 13
Se ak rezèv sa yo Legliz Jezikri ap nouri jodia. Jan.6 :12 ; Efezyen.4 :12

III. **Alafen li voye nou**
1. Li voye nou ak tit misyonè, anbasadè. Efezyen.4 : 11
2. Ak tit pwofèt. Efezyen.4 : 11
3. Ak tit evanjelis. Efezyen.4 :11
4. Ak tit Pastè. Efezyen.4 :11
5. Ak tit doktè. Efezyen.4 :11

Senk tit sa yo fè nou sonje senk pen yo nan mirak pen ak pwason yo. Lè Bondye li menm mete nou lidè, se sa nou ye a ke moun yo manje. Nou dwe distribye Pawòl la ki soti nan Jezikri, a moun yo ki gran gou nan nanm yo. De pwason yo reprezante de gwoup moun pou nou al evanjelize : Tou dabò jwif yo, answit tout moun ki pa jwif yo ke yo rele payen.

Pou fini

Pou nou gen tout don sa yo, ki jan pou nou rete san nou pa fè anyen ?

Kesyon

1. Pouki sa Bondye sove nou? Pou nou sèvi'l
2. Ki premye jès li fè a moun sove yo ?
   Li abiye yo.
3. Bay nou detay sou abiyman saa
   a. Li kouvri yo ak manto gras la ak jistis li.
   b. Li mete yon bag maryaj nan dwèt nou.
   c. Li mete nan pye nou yon soulye yo rele zèl pou levanjil.
4. Eske w kwè yon kretyen ka parese?
   Janmen
5. Di nou omwens sis don ou konnen Bondye bay nou.
   Don lakonesans, la fwa, gerizon, dirije ak egzote
6. Kisa douz don sa yo fè nou sonje?
   A douz panye pen yo nan mirak miltiplikasyon pen an.
7. Ki tit Bondye bay nou lè n'ap egzèse don sa yo?
   Pwofèt, anbasadè, doktè, evanjelis ak pastè
8. Ki sa tit sa yo fè nou sonje ?
   a. A senk pen nan mirak pen ak pwason an
   b. Nou dwe distribye pawòl Jezi mete sou kont nou.
9. Ki sa de pwason yo fè nou sonje ?
   A jwif yo ak payen pou nou genyen pou Kris.

Leson 8
Gras la pou chak jou yo

Vèsè pou prepare leson an : Es. 54 :15-17; Sòm. 7 :16; 34 :8; Lamantasyon.3:22-23; Matye.4: 4; Jan.16 :13 ; Women.8 :26 ; 1Korentyen.15 :10 ; 2Korentyen.6 :1 ; Ebre.4 :16 ; 1Jan.2 :1

Vèsè pou li nan klas la : Filipyen.4 :4-6

Vèsè pou resite : Bondye ki rich anpil, la ban ou tou sa nou bezwen nan Jezikri. Filipyen.4 :19

Fason pou fè leson an: Diskou, diskisyons, konparezon, kesyon

Bi leson an: Ogmante asirans kretyen yo sou pwomès Bondye te fè yo.

Pou komanse

Depi menm jou nou konvèti a, Jezi te deja konnen ke nou pa sou teren nou. Sepoutètsa li voye pwovizyon gras li pou nou chak maten avan nou leve. Lamantasyon. 3 :22-23

I. **Li montre nou gras li kant li fè nou santi prezans li toutan sou teren an.** Pouki li fè sa?
   1. Pou rache nou anba danje. Sòm.34 :8
   2. Pour délivre nou anba zatrap moun tann pou nou. Sòm.7 :16
   3. Pou délivre nou anba konplo ki mare kont nou. Ezayi.54 : 15-17
   4. Pou nouri lespri nou, nanm nou ak kò nou. Matye.4 :4
   5. Pou fè nou konpran tout verite a. Jan.16 : 13

II. **Li montre nou gras li nan fason li reponn a priyè nou.**
   1. Se yon gwo gras kant se Sentespri a li menm, ki tradwi priyè nou, pou mete yo nan fason syèl la ka asepte yo. Women.8 : 26
   2. Se yon gwo gras kant nou kap vin devan twon Bondye pou n priye. Se la nou jwen favè pou tout sa nou bezwen Ebre. 4:16
   3. Se yon gwo gras kant nou gen Jezi pou avoka nou pou plede kòz nou gratis. 1 Jan 2:1

III. **Li montre nou gras li kant li pran nou tankou asosye l.**
   Nou ap travay ak Bondye. 2Korentyen.6 :1
   Pòl ta di konsa : Okontrè mwen travay pase tout lòt apòt yo. Men pou di vre, se pa mwen menm ki fè travay sa yo, se favè Bondye fè m lan, ki fè sa konsa. 1 Korentyen. 15:10

Pou fini
Bat pou nou renouvle kontra zanmitay ak Bondye chak jou. L'ap tan nou kounyeya devan twòn gras la.

Kesyon

1. Pouki rezon Jezi blije rete kote nou chak jou apre nou konvèti?
   Paske le monn se pa la kay nou. Se nan syèl nou prale.
2. Ki sa li fè lè l bò kote nou ?
   a. Li wete nou anba danje, anba zatrap yo tann pou nou.
   b. Li nouri lespri nou, nanm nou ak kò nou.
3. Ki jan li montre nou gras li?
   a. Lè li reponn priyè nou. Lè Sentespri a tradwi priye nou devan Bondye.
   b. Lè Jezi li menm plede kòz nou devan Bondye pou l reponn priyè nou.
4. Pou ki Jezi pran nou nan travay li?
   Tankou ansosye.

5. Di si se vre ou si se fo
a. Ou ka fè tout bagay san gras Bondye. _ V _ F
b. Nou dwe priye pou n jwen gras Bondye. _ V _ F
c. Nou dwe priye tou tan pou konsève amitye nou ak Bondye. _ V _ F

Leson 9
Bagay se nan Gras la sèlman ou jwen yo

Vèsè pou prepare leson an : Jan.8 :24 ; Travay. 9:15 ; 14 :15 ; 21: 39 ; 22 :3, 25 ; Women.12 :3 ; Galat.2 :20 ; Filipyen.3: 4-6

Vèsè pou li nan klas la: 2Korentyen.12 : 5-10

Vèsè pou resite : Chak fwa li reponn mwen : Se favè m ase ou bezwen. Paske lè ou fèb, se lè moun wè pouvwa mwen nan ou». 2Korentyen.12 : 9a

Fason pou fè leson an Diskou, diskisyons, konparezon, Kesyon

Bi leson an : Montre ki jan Gras la siperyè a Lwa Moyiz la.

Pou komanse

Lwa Moyiz la te pote benediksyon materyèl pou Jwif yo. Men Moyiz pat janm ka di : « Lwa a sifi » : Gras la vini ak benediksyon èspirityèl pou tout moun. E pouki sa Jezi di Pòl, « Gras mwen sifi? »

I. **Li te vle depouye Pòl ak bagay li pat bezwen**.
   1. Dabò, se te logèy. Filipyen.3 :4-6
      a. Lògèy ras li. Li pa kanmarad moun. Filipyen.3 :5
      b. Lògèy de peyi li. Li pa moun andeyò. Li se moun la vil. Travay.21 :39
      c. Lògèy de papye sitizenn li. Li pa ilegal. Li pat vin nan bato. Travay.22 :25
      d. Lògèy de diplòm li. Li fè gwo etid. Travay.22 :3
      e. Lògèy de pèsekitè Levanjil. Li te yon gran dechoukè. Filipyen.3 :6

f. Jezi desann misye. Gran Sòl la tounen ti Pòl. Se sa non sa yo vle di nan lang Ebre a. Travay.9 : 1-2
   Apre eksperyans sa yo ak Kris, Pòl wè ke li pa plis ke la bou. Filipyen.3 :7-8

II. **Jezi fòme l pou l sa fè travay li.**
   1. « Li di : misye se yon enstriman mwen chwazi pou l temwaye e preche a wa, a nasyon, a jwif yo tou. Mwen pral itiilize l nan yon fason menm pou l soufri pou non mwen. » Travay.9 :15
   2. Kan Jezi fin donte l, Pòl di ak bouch li : « Kounyeya si m'ap viv, se pa mwen menm k'ap viv, se Kris k'ap viv nan mwen. Galat.2 :20

III. **Konsa tou, Kris vle itilize pwen fèb nou yo pou l twouve glwa ladan.**
   Poutètsa, fòk gen twa kondisyon:
   1. Premye kondisyon: Se pou n gen lafwa nan Jezi sèl, pou nou pran l tankou Senyè ak Sovè nou. Jan.8 :24
   2. Dezyèm kondisyon: Se pou nou asepte ke nou pa pi plis pase lòt moun. Travay.14 :15 ; Women.12 :3
   3. Twazyèm kondisyon: Se pou nou fè nou tou pitit nan men l, pou l fè sa l pito ak la vi nou.

Pou fini

Bondye pran yon nonm awogan tankou Pòl pou l febli l e pou l itilize l. Eske w'ap tann plis ke gras Bondye pou w sèvi Jezi e pou w soufri pou li?

Kesyon

1. Ki sa Lwa Moyiz la te pote ?
   Benediksyon materyèl pou Jwif yo
2. ki pwovizyon Gras la pote ?
   Benediksyon èspirityèl pou tout moun
3. Pouki sa Jezi te di Pòl «Gras mwen sifi ? »
   Paske li gen ladan tout sa ki nesesè pou byen Pòl.
4. Ki sa Pòl te genyen twòp kay li ?
   Lògèy pou non'l, ras li, relijyon l, peyi l, diplòm li ak papye sitwayen women l.
5. Ki valè li bay bagay sa yo apre konvèsyon l ?
   Li pran yo pou labou.
6. Pouki sa Jezi te wete valè sa yo nan menm l?
   Paske li pa bezwen labou pou fè travay li.
7. Nan ki pwen li te redwi Pòl ?
   Pou l te kap di : Si m'ap viv, se pa mwen menm k'ap viv, se Kris k'ap viv nan mwen.
8. Ki plan Bondye lè saa?
   Li vle itilize pwen fèb nou yo pou l sa jwen glwa
9. Kisa Sayil vle di an Ebre? Gran
10. Ki sa Pòl vle di an Ebre ? Piti

Leson 10
Anseyman nou pran nan gras la

Vèsè pou prepare leson an : Sòm.1:1-3; Matye.4 :4; 5: 16, 33 ; Women.12 :1-3 ; 2Korentyen.5 :17 ; Galat.2 :20 ; Efezyen.5 :2-4 ; Filipyen.1 :29 ; 1Timote.3 :8 ; Tit.2 :12-13 ; 1Pyè. 1:15; 5:8

Vèsè pou li nan klas la : Ga.2 :20-21

Vèsè pou resite : Si yon moun ak viv nan Kris la, li vin yon lòt moun. Bagay lontan yo disparèt, se lòt bagay nèf ki pran plas yo kounyeya. 2Korentyen 5 :17

Fason pou fè leson an : Diskou, diskisyons, konparezon, kesyon

Bi leson an : Devlope kalite edikasyon nou nan Jezikri.

Pou komanse

Pou komanse, Gras la louvri yon lekòl pou tout moun, ni jwif ni payen. Paske plan Bondye se pou tout moun kap gen dwa nan pwovizyon li voye. Matye.11 :28 Men ki anseyman li bay nou :

I. **Dabò se pou nou pa mele ak lemonn.**
  1. Nou dwe mache legliz e rete lwen vye bagay chanèl yo, pou nou viv nan syèk saa ak sajès, jistis ak pèseverans. Tit.2 :12-13
  2. Nou dwe meprize richès Satan le Dyab ap bay. Matye.6 :24
  3. Nou dwe rale kò nou sou kèk moun ki k'ap konpwomèt vi èspirityèl nou nan zen. Sòm.1 :1 ; 1Jan.2 :15

II. **Answit, se pou nou gen imilite**
   1. Se pou nou refize kwè ke nou moun pase tout moun. Women. 12 : 3
   2. Se pou nou pa fè gran chire. Lik.21 :34 ; 1Pyè.5 :8
   3. Se pou nou renose fè depans pou fè grandizè. 1Pyè.5 :8
   4. Se pou nou refize fè koken ak kontreban ; se pou nou rejte kèk vye mòd akòz Jezikri. Women.12 : 2

III. **Pou fini, se pou nou konsakre nou nèt a Senyè a.**
   1. Se pou nou livre nou nan Kris sèl. Ga.2 :20
   2. Se pou'n asepte viv e soufri menm pou pawòl Bondye a. Matye.4 :4 ; Filipyen.1 :29
      Se yon fason pou di w :
      a. Nou dwe sispann bay manti, sispann di vye pawòl sal, sispann mennen movèz vi. Efezyen.5 :2-4
      b. Nou pa la pou fè kontrebann, ni koken nan komès. 1Timote.3 :8
      c. Nou dwe respèkte angajman nou ni ak Bondye ni ak tout moun. Matye.5 :33
      d. Nou dwe veye sou nanm nou kant nou ale nan entènèt ak nan televizyon e lè n'ap koute radyo. 1Pyè.1 :15

Pou fini
Konsa tou, se pou limyè nou an klere devan tout moun, pou lè yo wè tout byen n'ap fè yo, ya fè lwanj Papa nou ki nan syèl la. Matye. 5 : 16

Kesyon
1. Pouki kan Jezi ofri gras la li louvri l ak yon lekòl?

Se pou tout moun ka gen chans patisipe nan pwovizyon nouvo dispansasyon an.
2. Ki sa gras la montre nou?
Li montre nou pou nou pa mele ak le monn, pou nou viv nan imilite e pou nou konsakre nou nèt ale a Senyè a.
3. Ki jan pou nou pa mele ak monn nan ?
   a. Nou dwe pa bay chè nou plis enpotans ke nanm nou, nou pa dwe kite vye dezi yo dominen nou.
   b. Nou dwe renonse a tout relasyon ki ka konpwomèt nanm nou, ak lide chanèl, ak tout kalite injistis.
4. Ki jan nou ka viv nan imilite?
   a. Lè nou refize kwè nou pi plis pase tout moun.
   b. Lè nou evite fè eksès.
   c. Lè nou renose a depanse lajan pou fè grandizè.
   d. Lè nou viv selon mwayen nou.
   e. Lè nou refize fè koken, lè nou refize patisipe nan plezi le monn.
   f. Lè nou mezire nou nan bwè ak manje.
5. Ki jan pou nou konsakre nou nèt a Senyè a?
   a. Lè nou asèpte viv dapre Pawòl la, lè nou asepte soufri pou Senyè a.
   b. Lè nou refize di mo sal.
   c. Lè nou siveye kondit nou.
   d. Lè nou respekte angajman nou ak Bondye, ak tout moun.
   e. Lè nou rejte vye pwogram nan radio, nan televiszyon ak nan entenèt.
6. Ki sa Kris ap espere de nou ?Ke limyè Levanjil nan nou ka briye devan tout moun, pou li ka jwen glwa.

Leson 11
Gras la ak Lalwa a

Vèsè pou prepare leson an: Jenèz.17:8; Detewonom. 28 :1-3 ; 33 :4 ; Sòm.1 :2-3 ; Matye.9 :11 ; Lik.5 :20 ; 23 :34 ; Jan.1 :17 ; 5 :24 ; 8 :11 ; 19 :30 ; Women.8 :1, 14-17 ; Efezyen.2 :11-18

Vèsè pou li nan klas la: Efezyen.2 :11-18

Vèsè pou resite : Bondye fè Moyiz ban nou Lalwa. Men se Jezikri ki fè nou konnen renmen Bondye a ansanm ak verite a. Jan.1 : 17

Fason pou fè leson an : Diskou, diskisyon, konparezon, Kesyon

Bi leson an : Fè kretyen yo gen anvi bay Bondye glwa akòz de gras la.

Pou komanse
"Moyiz vini ak Lwa, Jezi vini ak gras e verite."
Jan 1 :17.
Ak deklarasyon saa, Jezi ofri la vi pou tout tan an, ni a jwif ni a payen nan lemonn antye
An nou fè yon konparezon :

I. **Ki sa Lwaa pote?**
 1. Lwa a te pou Jwif yo sèlman. De.33 :4
 2. Li te pote benediksyon sèlman pou moun ki obsève l. Sòm.1 : 2-3
 3. Li pwomèt yo viktwa sou tout lènmi Izrayèl. Detewonom.28 :1-3
 4. Li ofri peyi Kanaran a Izrayèl, a pitit pitit Abraram. Jenèz.17 :8

II. An nou wè sa gras la pote

1. Premye swen li bay an ijans a pechè a, se peche l ki padonen.
   a. Li padonen nonm kokobe a avan li geri kò a: Lik. 5 :20
   b. Li padonen fanm adiltè a san li pa pale de jijman. Jan. 8 : 11
2. Li detwi zafè prejije a paske li antre manje kay yon pibliken, li manje ak moun movèz vi, li bay yo Sali a gratis tou.
   Matye.9 :11 ; Efezyen. 2 :11-17
   a. Li padonen volè a sou kwaa e a tout moun ki te la nan pye Kalvè a, san li pa poze okenn kondisyon. Lik.23 :34
   b. Li ale, ale nèt jouk li di : Tout bagay fini atò. Mwen genyen batay la. Jan.19 :30
   c. Gras la wete nèt tout kondanasyon sou pechè yo ki repanti. Women.8 :1
3. Gras la siyen batistè adopsyon nou nan Jezikri. Women.8 : 14-17
4. Li louvri Kanaran selès la pou nou. Jan.5 :24

Pou fini

Komanse kalkile konbyen ou ta dwe peye pou w gen la vi etènèl. Twòp kakil mon chè! Pran Sali gratis la kounyeya! Se yon don Bondye fè w !

Kesyon

1. Ki sa Lwa Moyiz la pote ?
    a. Li sèlman konsènen Jwif yo.
    b. Li prevwa benediksyon materyèl pou yo.
    c. Li prevwa viktwa Izrayèl sou lènmi li yo.
    d. Li promèt yo peyi Kanaran an.

2. Ki sa gras la pote ?
    a. Padon an se li ki premye swen a pechè a.
    b. Kris padonen pechè a avan li geri kò l.
    c. Li sove fanm adiltè a olye li pwononse jijman kondanasyon kont li.
    d. Li atake prejije farizyen yo kont pibliken yo ak moun kap mennen movèz vi.
    e. Li padonen pi gwo kriminèl la.
    f. Gras la prevwa yon batistè pou deklare nou pitit Bondye.
    g. Gras la louvwi pòt syèl la pou tout moun ki repanti.
    h. Pa gen anyen ki manke nan gras la. Tout bagay ok avan Jezi trepase»

Leson 12
Konpare Gras la ak mizerikòd la

Vèsè pou prepare leson an: Lik.10 :25-37 ; Women.5 :20 ; Efezyen.2 :8-10
Vèsè pou li nan klas la : Lik.10 :25-37
Vèsè pou resite : Jezi di li : « Ale, fè menm bagay la tou. » Lik.10 :37b
Fason pou fè leson an : Diskou, diskisyons, konparezon, Kesyon
Bi leson an: Montre ki jan Jezi pa pè depanse pou sove pechè a ki pi mal la.

Pou komanse
Kan Gras ale pi lwen pase padon an, yo rele'l mizerikòd. An nou wè kounyeya ki jan Gras la ak mizerikòd la mache.

I. Nou jwen gras la sèlman ak fwa nou.
1. Gras la pa gade sou ki kantite ni ki gwosè peche nou fè. Plis nou fè peche, plis gras la depanse pou sove nou. Women.5 :20
2. Li kont pou sove tout moun ki gen lafwa nan Kris. Nou jwen padon pou pinisyon nou te merite. Efezyen.2 :8

II. Mizerikòd la se gras Bondye fè nou san nou pat mande l.
1. Nonm nan asasen yo lage sou wout Jeriko an, li rete ap benyen nan san l. Li endispoze, li twaka mò. Li pat konn sa kap pase l.
   Lik.10: 30
2. Levit la ki reprezante rit ak seremoni yo, pat kapab sove l. Lik.10: 32

3. Sakrifikatè a ki reprezante Lwa Moyiz la pat kapab sove l. Lik. 10 :31
4. Bon Samariten an ki reprezante Jezikri, li pat mande nonm blese a si li bezwen swen.
   Lik.10 :34-35
   a. Depi nan premye jou a, li bay li swen e li mennen l lopital ak lajan pòch li. Lik.10: 34
   b. Nan dezyèm jou a, li bay yon avans sou frè lopital yo nan lajan pòch li. Lik.10:35
   c. Li pwomèt pou l retounen peye rès kòb pou malad la.

Se sa nou rele mizerikòd. Jezi sove nou gras a san li. Sa se te nan premye jou konvèsyon nou.

Li remèt nou nan lopital Sentespri a pou kondi nou nan tout verite a. Sa vle di kounyeya nou nan dezyèm jou a, nan tan ke se Sentespri a k'ap dirije Legliz. Jan.16 : 13

Men li gen yon twazyèm jou k'ap vini, se jou l'ap tounen pou l anlve Legliz. Matye.25 :13

Gade ki jan nou pa pini pou mal nou te fè e nou jwen syèl la pou byen nou pa fè. Nou fè dekabès. Se la gras la ak mizerikòd la rankontre pou Sali nou.

Pou fini

Kounyeya, an nou ale pou n fè tout moun konnen richès sa a kap gaspiye. An ale ranmase blese yo ke Satan mete twakamò sou wout Jeriko a pote yo bay Jezi.

Kesyon

1. Ki jan nou jwen gras la ? Pa la fwa.
2. Ki jan nou jwen mizerikòd la? San kondisyon
3. Ki kantite zèv pou nou fè pou nou jwen gras Bondye ? Okenn
4. Konbyen kòb nonm blese a te peye pou li sove ? Anyen
5. Ki sa levit la, sakrifikatè a ak Samariten an reprezante.
   a. Sakrifikatè a reprezante sakrifis yo ki pat kap sove nou.
   b. Levit la reprezante rit ak seremoni yo ki pat ka sove nou.
   c. Samariten an reprezante Jezi ki vin sove nou gratis.
6. Ki sa twa jou yo vle di nan la vi nonm blese a?
   a. Premye jou a se jou Jezi ranmase nou, jou konvèsyon nou.
   b. Dezyèm jou a se kounyeya pandan Sentespri a ap swaye nanm nou nan bib la ak mesaj, etid biblik ak Lekòl dimanch, jen ak la priyè.
   c. Twazyèm jou a, li poko rive, se lè Jezi gen pou l retounen an pou li anlve Legliz li.
7. Ki sa nou jwen nan Kris? Gras ak mizerikòd
8. Ki sa Jezi rekomande nou ?
   Pou nou gen gras ak mizerikòd pou pwochen nou tou.

Lis vèsè yo

1. Se paske li renmen nou kifè li delivre nou, nou menm ki mete konfyans nou nan li. Sa pa soti nan nou menm menm, se yon kado Bondye ban nou. Ef.2 :8

2. Sou pwen sa a, Bondye moutre nou jan li renmen nou anpil; paske nou t'ap fè peche toujou lè Kris la mouri pou nou. Women.5 :8

3. Men Bondye ki renmen yo, li fè yo gras. Li fè sa pou yo gratis, gremesi Jezikri ki vin delivre yo. Women 3 :24

4. Men, se pou peche nou kifè yo te mete san l' deyò konsa. Se akòz mechanste nou kifè yo te kraze l' anba kou konsa. Chatiman ki te pou nou an se sou li li tonbe. Eza.53 :5a

5. Nou tout nou resevwa pa nou nan tout kantite byen l' yo. Li ban nou favè sou favè. Jan.1 :16

6. Mezanmi, koulye a nou se pitit Bondye. Nou poko konnen egzakteman sa nou pral tounen. Men, nou konnen lè Kris la va parèt nou pral tounen tankou l', paske nou pral wè l' jan l' ye a. 1Jan.3 :2

7. Se Bondye ki fè nou. Nan Jezikri li kreye nou pou nou ka fè anpil bon zèv nan lavi nou, dapre sa li te pare davans pou nou te fè. Ef.2 :10

8. Fè tou sa mwen te moutre nou, ni sa nou te resevwa nan menm m', ni sa nou te tande m' di ak

tou sa nou te wè m' fè. Konsa, Bondye k'ap bay kè poze a va toujou la avè nou. Fil.4 :9

9. Chak fwa, li reponn mwen: Se favè m' ase ou bezwen. Paske lè ou fèb, se lè sa a moun wè pouvwa mwen nan ou. 2Kor.12 : 9a

10. Si yon moun ap viv nan Kris la, li vin yon lòt moun. Bagay lontan yo disparèt, se lòt bagay nèf ki pran plas yo koulye a. 2Kor.5 :17

11. Bondye fè Moyiz ban nou lalwa. Men, se Jezikri ki fè nou konnen renmen Bondye a ansanm ak verite a. Jan.1 :17

12. Dirèktè lalwa a reponn: Nonm ki te gen pitye pou li a. Jezi di li: Ale, fè menm bagay la tou. Lik.10 :37

Evalyasyon Pèsonèl

1. Ki pwen nan 12 leson yo ki te pi touche w ?
   _____

2. Ki sa ou jwen nan li
   a. Pou tèt pa w ?
   _____

   b. Pou fanmiy w ?
   _____

   c. Pou Legliz w ?
   _____

   d. Pou peyi w ?
   _____

3. Ki desizyon ou vle pran imedyatman apre klas la ?
   _____

4. Men sijesyon, mwen (Untel), mwen genyen pou Lekòl dimanch nan Legliz mwen :
   a._____
   b._____
   c._____

5. Kesyon pou w reponn a tèt ou sèlman
   a. Ki sa mwen vo pou Legliz la depi mwen la ?
   b. Ki sa mwen vle fè pou li vin pi miyò ?
   c. Si Jezi vini kounyeya, eske m pap wont akòz jan de fwi yo mwen kap prezante l ?

Dife 15-Seri 3

Yon vi nan mitan bèt sovaj

Avangou

Avan Jezikri te komanse ministè l, li te fè yon eksperyans nan Dezè Jide a ki dwe atire atansyon nou. Pandan ke Dyab la te tante l plizyè fwa, li te gen obigasyon pou l te viv nan mitan bèt sovaj pandan karant you karant nwit. Mak.1 :13

Pouki rezon Sentespri a te oblije l fè sa? Eske nou pa wè nan sa yon tablo de pwòp sityasyon nou nan vi saa?

Sinon, koman nou te kap konprann ke « Jezi te tante tankou nou menm nan tout bagay san san li pat peche pou sa ? » Ebre.4 :15b

Beni swa Letènèl pou viktwa nou genyen nan Jezikri, ki donte tout bèt sovaj yo!

Pastè Renaut Pierre-Louis

Leson 1
Jezi nan mitan bèt sovaj yo

Vèsè pou prepare leson an : Matye.6 :13 ; 28 :19-20 ; Mak.1 : 1-13 ; Lik.4 :1-13 ; 1Korentyen.6 :19-20 ; 10 :13 ; 15 :45-47 ; Galat.2 :20 ; Ebre.4 :15
Vèsè pou li nan klas la : Mak.1 : 9-13
Vèsè pou resite : Apre sa, Lespri Bondye pouse Jezi ale nan Dezè a pou Satan te ka tante l. Matye.4 :1
Fason pou fè leson an: Diskisyon, konparezon, Kesyon
Bi leson an : Prezante nou kondisyon pou yon moun viv tankou kretyen menm nan move milye.

Pou komanse
Yon ti moman apre l fin batize, Sentespri a pouse Jezi nan Dezè a pou li pran yon egzamen devan Satan nan mitan yon kòlonn bèt sovaj. Eksperyans sa pral dire yon mwa dis jou.

I. **Pouki rezon li chwazi anbyans sa pou Jezi ?**

Sentespri a te oblije Jezi pran egzamen saa pou prepare l pou misyon l te gen pou l ranpli. Li dwe konpoze san li pa pran ni plim ni papye. Mak.1: 12

1. Nan premye kesyon an, li dwe demontre ke li menm se Pitit Bondye l ye. Mak.1 :11
2. Li dwe demontre sa depi jou batèm nan dlo Jouden an jouk li rive sou la kwa Golgota a. San sa, li pap gen dwa di : « Mwen menm se chemen an », sa vle di, mwen se egzanp la pou moun swiv. E depi lè saa, si yon moun kwè nan Kris, fòk li batize tankou l te fè. Matye.28 :19
   a. Konsa tout demach Satan pou sedwi l pa dwe gen okenn pouvwa sou li. Mak.1 :12-13

b. Tout bèt sovaj yo, sèpan ladan tou, pa dwe gen pouvwa sou li tankou sa te rive Adan nan Jaden Eden nan. 1Korentyen.15 : 45-47
   c. Li dwe demontre ke li gen dwa pou l tante nan tout bagay san l pa peche pou sa. Ebre.4 :15
   d. Si l pa pase nan egzamen saa, li pap ka kalifye pou l Mesi a pou sove nou.

III. **Ki sa kap tann nou menm tou ?**
   1. Apre nou fin batize, genyen eprèv ki va tonbe sou nou tou.
   2. Se eprèv yo ki va egzamen pa nou pou nou swiv Jezikri.
   3. Nou gen pou nou tante tou. Si nou pa vle tonbe nan tantasyon an, se pou nou rele Jezi pou l pote nou sekou.
      Matye. 6 : 13 ; 1Korentyen.10 :13
      Konsa li va bay prèv ke li ak nou tankou l te pwomèt nou. 1Korentyen.6:19-20; Galat.2:20

Pou fini

Satan gen pou tounen ankò nan lòt fason pou l atake Senyè a, men li pat bay li chans. Tankou Jezi, mete nou prè pou kontre avè l. Lik.4:13

Kesyon

1. Ki lè e pouki sa Sentespri a te mennen Jezi nan Dezè a?
   a. Se te apre Jezi te fin batize, li te gen pou'l pran yon egzamen devan Satan le Dyab
   b. Pou bay prèv ke li Pitit Bondye
   c. Pou'l pase nan egzamen kote premye Adan an pat pase.
   d. Pou l fè chemen pou nou, pou nou pa tonbe nan tantasyon.

2. Ki sak t'ap rive si Jezi pat pase nan egzamen an?
   a. Li pa tap kalifye pou l Mesi pou sove nou.
   b. Nou t'ap rete toujou nan peche nou, anba pouvwa Satan le Dyab.

3. Ki sa nou dwe espere apre batèm nou? Pouki sa ?
   Nou dwe tann n ap gen eprèv tou.
   a. Pou kalifye nou tankou kretyen k'ap swiv Jezi
   b. Pou moun gen prèv ke Jezikri ap viv nan nou.

4. Ki moun ki te ak Jezi nan Dezè a? Anpil Anj.

5. Ki sa ki ogmante fwa nou?
   Bondye ap voye anj li pou sèvi nou.

6. Di si se vre ou si se fo
   a. Jezi te wè Satan an espri. __ V __F
   b. Jezi te gen anpil anj ki te vin fòtifye l. _ V__ F
   c. Jezi te pran yon repa chak jou nan Dezè a __ V__F
   d. Satan pap janm tounen pou l ka nwi nou. _ V__F

Leson 2
Bèt sovaj yo nan Dezè a

Vèsè pou prepare leson an : Jenèz.1 :28 ; 2 :18 ; 27 :14-22 ; Jozye.2 :1-2 ; 2S. 11 :2-5 ; Matye.1 :1-12 ; 4 :4 ; 15 :10-20 ; Mak.1 :1-13

Vèsè pou l5i nan klas la : Mak. 1 : 9-13

Vèsè pou resite : Fè pitit, fè anpil anpil pitit mete sou tè a. Donte tè a. Mwen ban nou pouvwa sou pwason ki nan lanmè, sou zwazo ki nan syèl la, ak sou tout bèt vivan k'ap mache sou tè a. Jenèz.1 :28

Fason pou fè leson an : Diskou, konparezon, kesyon

Bi leson an : Montre ki jan yon moun ka pwoteje tèt li kont bèt sovaj yo.

Pou komanse

Depi nou pale de bèt sovaj, nou wè yon fore bwa ki plen ak tout kalite bèt pou fè moun pè. Si w twouve w nan mitan yo, ki sa pou w fè pou pwoteje tèt ou ?

I. **Tou dabò gen yon bagay pou w pa bliye**
   Bondye te bay lòm dwa pou dominen yo.
   Jenèz. 1 :28
   Se Jezi menm ki te kreye yo e Satan konn sa tout. Li te vle konnen ke moun nan ki sot batize a, se li menm ki Pitit Bondye tout bon vre a. Mak.1 :12

II. **Yon dezyem bagay pou w fè antansyon**:
   Jeneralman bèt sovaj yo ap tann moman ki favorab pou yo atake w.
   1. *Nan vi nou an jeneral:*
      a. Nou mete yon kloti toutotou kay nou.

    b. Si nou pa gen moun pou fè gadyen, nou gade chyen ki mechan.

    c. Nan tan jodia, moun mete kamera pou fè siveyans kay yo.

2. *Nan vi èspirityèl nou:*

Bèt sovaj yo se move tandans tou natirèl nou gen nan la vi nou. Matye.15 :11

Menm Jezi te genyen yo tou nan san l.

    a. Raab zansèt li, te fè metye jenès. Jozye.2 :1-2 ; Matye.1 :5

    b. Jakòb zansèt li, te yon nonm mantè, odasye. Jenèz.27 :14-22 ; Matye.1 :2

    c. David zansèt li, te yon nonm adiltè e kriminèl. 2Samyèl.11 : 2-5,15 ; Matye.1 :5-6

I. Men sa nou dwe konnen :

Tout prekosyon n'ap pran pou nou pa chite, pa kapab ede nou vre, ni sa pap kraponen Satan. L'ap atake w kan menm :

1. Kant li jwen nou sèl. Jenèz.2 :18
2. Kant nou neglije priye ou medite pawòl Bondye a. Matye.4 :4

Pou fini

Si nou vle viv nan tout sekirite, pito nou rete bò kote Jezi.

Kesyon

1. Depi nou wè yon bèt sovaj ki sa'l fè nou sonje?
   Li fè nou panse a yon fore bwa ki chaje ak bèt pou fè moun pè.

2. Ki enterè Dyab la genyen pou l teste Jezi?
   Pou konnen si Jezi se Pitit Bondye tout bon vre.

3. Ki kalite demach pou sekirite ki pap kranponen Satan ? Kloti, miray, chyen mechan ak kamera.

4. Ki kote nou pi fasil jwen bèt sovaj ?
   Nan kè nou.

5. Koman nou ka fè di ke Jezi te gen yo nan san l?
   Paske zansèt li Raab te yon jennès, David yon kriminèl ak adiltè tou, Jakòb mantè, odasye.

6. Ki pi bon moman pou Satan atake nou ?
   a. Kant nou pou kont nou.
   b. Kant nou neglije priye ak medite Pawòl Bondye.

7. Ki sa nou dwe fè pou nou gen sekirite isiba ?
   Se pou nou rete ansanm ak Jezi.

Leson 3
Ki jan bèt sovaj yo manifèste

Vèsè pou prepare leson an: 1Wa.21:1-4,7; Ezayi. 49:16; Filipyen.3:19; 1Jan.2:15-17; Revelasyon.21:9-12

Vèsè pou li nan klas la : 1Jan.2 :15-7

Vèsè pou resite : Pa renmen lemonn ni anyen ki soti nan lemonn. Si yon moun renmen lemonn, li pa gen nan kè li renmen pou Papa a.1Jan.2:15

Fason pou fè leson an : Diskou, konparezon, kesyon

Bi leson an : Pote kretyen yo a detache yo de monn saa pou yo sèvi Bondye pi byen.

Pou komanse

Bèt sovaj yo gen kote yo e lè yo pou atake. Nou genyen tou ki chita andedan nou san nou pa menm konnen. Men gen sikonstans ki pou vini pou yo reveye anndan nou. Men yo :

I. Se gwo tantasyon
1. Kan yon moun vle fè wè. Nou bliye ke fè wè pa dire. 1Jan.2 :16-17

II. Se egzijans lachè
1. Se yon anvi san rete pou posede byen materyèl.
2. Sa la kòz nou pèdi amou pou Bondye, e nou pa gen sansiblite ankò pou frè ak sè nou yo nan levanjil.
3. Pòl ta di ke moun sa yo chanèl, se vant yo ki Bondye yo. Filipyen.3 :19
4. Jeremi menm ta di nou : Yo sanble ak chwal ki byen manje, y'ap kouri tou patou, yo chak ap ranni tankou chwal deye madanm frè yo.

Jeremi.5 :8

III. Lògey kap vire tèt moun lè yo gen anpil byen sou latè
1. Li fè w renmen pouvwa, ou renmen fè pale de w. Ou bezwen moun ki pou flate w.
2. Toutan, n'ap envite moun sa yo nan dinen kay nou, mye pou nou kap montre yo bèl chanm nou kouche a.
3. Nou about, nou pa santi nou te k'ap tolere yon ti malere tankou Nabòt tou pre kay nou. Fòk nou wete l nan figi nou. 1Wa.21 : 1-4,7

IV. Ki garanti nou genyen ?
1. Garanti Kris bay nou. Konnen ke menm anwo nan syèl la, nan vil an nò a, Bondye leve yon gwo miray toutotou pèp li e li kouvri yo tou ak men dwat li.
Sòm.121 : 5 ; 125 :2 ; Ezayi.49 :16 ; Revelasyon 21 :12

Pou fini

Tout bèt sovaj yo ap dòmi nan nou. Yon ti krik, yon ti krak ka reveye yo. Yon lòt fwa ankò, n'ap mande w ou w rete bò kote Jezi.

Kesyon

1. Ki jan bèt sovaj travay?
   Yo bezwen yon kotè e yon lè pou yo aji.

2. Ki jan yo manifeste nan nou ?
   Pa tantasyon nan sa nou wè, nan jan nou abiye, nan tantasyon dapre sa Bib la di nou.

3. Ki sa Bondye fè pou'l pwoteje nou ?
   a. Li antoure nou ak yon miray pou pwoteje nou
   b. Li pran men dwat li pou l voye lonbraj sou nou.

4. Jis ki kote miray saa rive? Nan Jerizalèm nan syèl la

5. Di si se vre ou si se fo
   a. Yon moun k'ap gade yon bagay ak zye l san l pa bezwen peche pou sa __ V_ F
   b. Yon moun k'ap posede anpil byen san l pa grandizè pou sa. _ V _F
   c. Moun k'ap apresye w san ou pa bezwen gen lògey pou sa. _ V _ F
   d. Yon moun dwe achte yon bon jan kloti pou w pwoteje nan m ou. _ V _ F
   e. Mwen k'ap pwoteje tè mwen pou kont mwen. __V __ F

Leson 4
Ak kisa bèt sovaj yo sanble

Vèsè pou prepare leson an : Jenèz.3:1-5; Pwovèb. 26:14; 29:5; Danyèl.3:22; Matye. 6:15; 15:10-20; Lik.21:34;Women.7:15-25;12:3-9;14:23; 1Tesalonisyen.5:23-24; Jid.24

Vèsè pou li nan klas la : Matye.15:16-20

Vèsè pou resite : Se nan kè'l tout move lide soti, lide touye moun, lide fè adiltè ak tout lòt bagay ki pa dakò ak volonte Bondye tankou lide vòlò, lide fè manti sou mounn, lide bay manti. Matye.15:19

Fason pou fè leson an : Diskou, konparezon, kesyon

Bi leson an: Montre ki jan nou konn aji tankou bèt sovaj.

Pou komanse

«Gen yon ekriven franse yo rele Pascal li di: lòm pa anj, li pa yon bèt tou. Li toulede. An nou wè jodia, tout kalite bèt ki ka nan nou.

I. **Men yo**:
1. Kan n'ap bay moun *manti*, kant n'ap pale moun mal, se **Sèpan** an k'ap sifle nan nou. Jenèz.3 :4-5
2. Kant n'ap *manje san kontwòl* se **Pòk** lagoumandiz la k'ap aji nan nou. Lik.21 :34
3. Kant n'ap aji ak *mechanste*, nou vle kraze brize, se **Tig** kriminèl la kap gwonde nan nou. Da.3 :21-22
4. Kant nou *refize padonen* frè nou se **Elefan** ranki n nan k'ap aji nan nou. Matye.6 : 15
5. Kant n'ap *fè enteresan pou fè moun wè* se **Pan** vanite a k'ap laji nan nou. Women.12 :3

6. Kant n'ap *flate moun* se **Renaa** k'ap aji nan nou. Pwovèb.29 :5
7. Kant n'ap bay tèt nou *twòp enpòtans*, se **Krapo** lògey la k'ap gonfle nan nou. Women 12 :3
8. Kant n'ap fè ipokrit ak moun se **Chat** la kap aji nan nou. Women.12 :9
9. Kant n'ap fè parès ak neglijans, se **Tòti** a k'ap aji nan nou. Pwovèb.26 :14
   Kan Apòt Pòl di: «M'pa fè byen ke'm ta vle fè, mwen fè mal la ke'm pa vle fè», se kèk nan bèt sovaj sa yo k'ap aji nan kè l. Women. 7 :19

II. Ki jan pou 'n mete yo deyò nan kè nou?
   1. Jezi sèl pou'n rele. Se li ki konn bout yo. Women. 7 : 24-25a
      a. Li k'ap anpeche nou chite. Jid.24
      b. Li ka sanktifye nou nèt ale nan lespri nou, nan nanm nou ak nan kò nou tou 1Tesalonisyen.5 : 23-24
   2. Fòk nou kretyen ki gen konviksyon tou. Women.14 :23

Pou fini
Viktwa Jezi sou feblès nou yo montre jan li fidèl e jan li renmen nou tou. Pito pou pito, an nou rete ansanm ak Jezi.

Kesyon

1. Ki jan de bè sovaj nou k'ap genyen nan kè nou ?
    a. Kant nou bay manti ? Se Sèpan an
    b. Kant nou manje twòp ? Se Pòk la
    c. Kant nou fè kolè ? Se Tig la
    d. Kant nou refize padonen ? Se Elefan an
    e. Kant n'ap flate moun ? Se Rena a
    f. Kant n'ap fè enteresan? Se Pan an
    g. Kant n'ap karese moun n'ap trayi a? Se Chat la
    h. Kant n'ap fè neglijans ak parese? Se Tòti a

2. Ki jan pou nou mete yo deyò nan kè nou?
    a. Se Jezi pou nou rele, se li ki konn bout yo.
    b. Se pou nou kretyen ki gen konviksyon tou

Leson 5
Bèt sovaj yo nan bato Noye a

Vèsè pou prepare leson an : Jenèz.4 : 1-10 ; 6 :8-22 ; 7 :16 ; 9 :1-3 ; Levitik.20 :13 ; Ezayi.44 :22 ; 45 :22 ; Women.1 :26-27 ; 2Korentyen.5 :17 ; Efezyen.2 :8-10 ; Tit.3 :5 ; 1Pyè.1 :18-19 ;

Vèsè pou li nan klas la : Jenèz.6 :18-22

Vèsè pou resite : Konsa tout kalite zwazo, nan tout kalite bèt domestik, nan tout kalite bèt ki trennen sou vant yo, gen yon pè nan chak kalite ki va vin jwen ou pou yo pa mouri. Jenèz.6 :20

Fason pou fè leson an : Diskou, konparezon, kesyon

Bi leson an : Montre ke zafè bèt yo ki vin sovaj la, se yon konsekans peche lòm.

Pou komanse
Nan komansman, bèt yo pa te janm sovaj. Dayè, lè pou yo te antre nan lach la, se yo menm ki antre pou kont yo, san moun pat bezwen fòse yo. Ki lè yo vin sovaj la? Jenèz.6 :20

I. **Lòm te sovaj avan bèt yo**.
   1. Se lòm ki tiye parèy li anpremye. Jenèz. 4 :8
   2. Se poutètsa pou pini vyolans li, Bondye di li pap kite Lespri li toutan nan lòm. Jenèz. 6 :3
   3. Depi lè saa, lòm fè mal pirèd. Jenèz. 6 :5
   4. Apre gwo Delij la, pat gen rekòt di tou. Pou lòm ka viv, li te oblije al lachas bèt yo pou l manje vyann yo. Depi lè saa bèt kouri al sere nan raje kant yo wè moun ap vini bò kote yo. Men ki jan yo vin sovaj la. Jenèz. 9 : 2

II. Sèlman, lòm pase devan bèt yo nan fè sovaj.
   1. Yo ki di yo sivilize a, yo tiye plis moun pase bèt yo ta tiye lòt bèt nan raje a. Tout sa se konsekans peche nou. Nou pa vle wè Bondye, nou pa vle wè frè nou yo tou.
   2. Sèlman zafè de (2) gason ou byen de (2) fanm ki rete ansanm nan, pa gen okenn bèt ki montre l sa.   Levitik.20 :13 ; Women.1 :26-27

III. **An nou wè koman Bondye aji ak bèt sovaj yo**
   1. Bato Noye a te gen tout bèt yo tankou echantiyon defo nou yo. Sèlman malgre defo yo, tout sila yo ki te nan lach la te sove. Jenèz. 7 :16
   2. Legliz Jezikri a fèt ak tout kalite moun, ak tout defo ou te k'ap imajinen. Yo pa sove paske yo bon, men paske yo te gen lafwa pou yo antre nan lach levanjil la. Efezyen 2 :8
   3. Depi menm jou yo antre nan lach levanjil la, **zafè pou yon moun chanje a pa regade ni mwen ni ou menm tou. Se djòb Jezikri.**
   2Korentyen.5 :17

Pou fini
Konnen byen ke defo nou yo pa machandiz, yo pa alavant. Nou pa bezwen pèsòn pou al fè piblisite pou yo. An nou kriye « Beni swa Letènèl paske nou pa bon, ni nou pa diy, men nou sove onon de Jezikri! 1Pyè.1:18-19; Tit.3 :5

Kesyon

1. Depi ki lè bèt yo vin sovaj ?
   a. Kan lòm ap chèche touye yo.
   b. Kant lòm te bezwen vyann pou 'l manje, paske apre Delij la, rekòt yo te pèdi.

2. Depi ki lè lòm vin mechan?
   Kan Bondye retire Lespri l nan li.

3. Pouki sa nou di ke lòm vin pi sovaj pase bèt yo ?
   a. Li komanse touye parey li avan bèt yo te fè sa.
   b. Li ale fè sèks ak moun menm sèks avè l.

4. Ki jan bèt yo te konpòte yo pou yo antre nan lach la ?
   Yo te antre pou kont yo. Moun pat fòse yo.
5. Ak ki sa bèt yo nan lach te sanble?
   A tout kretyen nan Legliz Kris la nan le monn antye, ak tout defo yo.
6. Ki moun ki reskonsab pou chanje yo? Sèl Jezi.

Leson 6
Koman Jezikri kontre ak bèt sovaj yo

Vèsè pou prepare leson an : Sòm.22: 1-22; 39:2; Mak.10:2; 14:1; Lik.10:3; 18:1; Jan.7:1-5; 11:47; 12:10-11

Vèsè pou li nan klas la : Sòm.22:12-19

Vèsè pou resite : Yo kraze de menm ak de pye m. Tout zo nan kò m parèt. Sòm. 22:16b-17a

Fason pou fè leson an : Diskou, konparezon, kesyon

Bi leson an: montre nou ki jan nou kap viv nan mitan bèt sovaj yo

Pou komanse

Pandan tout tan ministè li sou tè saa, Jezi te gen pou l kontre ak yon bann bèt sovaj. Nou jwen yo nan atitid farizyen yo, sadiseyen yo ak èskrib yo. Pi devan nou va jwen yo ankò nan mitan foul la ak nan desizyon Ewòd ak Pilat.

I. **Ki fason yo te aji nan relasyon yo ak Jezikri ?**
   1. Farizyen yo te poze l kesyon pou te pran l nan pyèj. Mak.10 :2
      David rele yo towo Banzan. Sòm. 22 :13
   2. Gran prèt yo ak èskrib yo ki tap bat pou arete l san moun pat konnen, **se Sèpan an**. Mak.14 :1
   3. Frè l yo ki te vle pouse l pou l ale nan fèt Jerizalèm kote moun te pare pyèj pou li **se chat la.** Jan.7 :1-5
   4. Moun Legliz kap fè reyinyon komite pou deside touye l paske li te fè dibyen a moun, **se Tig la**. Jan.11 :47 ; 12 : 10-11

    a. David di ke sòlda Women yo se te tankou **mal chyen kap jape.** Sòm.22 : 17

    b. Pilat ak Ewòd, li pran yo pou **bèf mawon ak lyon.** Sòm.22 : 22

II. **Ki jan Jezi mande nou pou nou viv nan mitan bèt sovaj yo.**
   1. Toudabò, nou dwe konnen yo. Si yo move tankou lyon, nou dwe fè nou piti tankou ti mouton an. Lik.10 : 3
   Li mande disip yo pou yo senp tankou yon ti pijon e pou yo pridan tankou yon koulèb. Depi gen tenten se rale soti. Matye.10 :16
   Konsa depi gen diskisyon, pale anpil, gwo mo kap di, yo dwe rale soti tou dousman pou moun pa menm wè si yo te la. Lik.10 :4
   2. Nanm ou dwe toujou nan la priyè. Lik.18 :1
   3. Ou dwe fèmen bouch ou kan mechan an ap pale. Pòt tè pa goumen ak pòt fè. Sòm. 39:2

Pou fini

Si w pa ta kapab aprann kontwole sa wap di ak sa wap fè nan karant jou jèn nan, mwen ta konseye w rete akote Jezi pandan twa zan ministè li nan mitan yon bann moun sovaj.

Kesyon

1. Di nou kèk bèt sovaj ki te la pou bay Jezi traka. Eskrib yo, farizyen yo , sadiseyen yo, solda women yo, Pilat ak Ewòd.

2. Ki jan David te rele farizyen yo?
   Toro Banzan

3. E sòlda Women yo? Yon bann chyen michan

4. E sakrifikatè yo? Yon bann sèpan

5. Ki jan pou nou viv nan mitan bèt sovaj yo?
   a. Fòk nou konnen yo
   b. Fòk nou fè nou piti tankou yon ti mouton devan lou devoran an
   c. Fòk nou senp e pridan.
   c. Fòk nou rete nan lapriyè.

Leson 7
Bèt sovaj yo nan legliz Bondye a

Vèsè pou prepare leson an: Detewononm.25:17-19 ; Pwovèb. 17 :28 ; 24 :19-22 ; 1Korentyen.5 :9-13 ; 2Korentyen.12 : 7

Vèsè pou li nan klas la : 1Korentyen.5 :9-13

Vèsè pou resite : Pitit mwen, gen krentif pou Senyè a. Respekte wa a. Ou pa gen anyen pou wè ak moun kap kenbe tèt ak yo. Pr. 24 :21

Fason pou fè leson an : Diskou, konparezon, kesyon.

Bi leson an : Montre nou ki fason pou nou aji ak frè yo ki awogan.

Pou komanse
Bwalo, yon ekriven franse nan diseptyèm syèk la di konsa: « Li rele chat chat, li rele Rolè yon volè ». Ki jan pou 'n pale de frè nou yo tandis ke mwen menm k' ap pale avè w la, mwen genyen bèt sovaj yo nan la vi m tou ?

II. **Ki jan bèt sa yo manifeste nan la vi nou ?**
1. Bèt sovaj sa yo parèt ak anpil awogans. Se yon kòlonn moun maledve, ou pa k'ap abòde yo. Yo gen move mo nan bouch yo. Yo prèt pou mete dife pou nenpòt ti bagay. 1Korentyen.5 :11-13
2. Yo fò nan chèche konnen defo tout moun.
3. Yo menm se fo-frè yo ye. Yo resevwa otorizasyon nan men Satan le Dyab pou pèsekite nou, pou fè nou malfezan. Se kap byen yon mari, yon madanm, yon pitit, yon

vwazen ou byen yon moun nou travay menm kote avè l. 2Korentyen.12 :7

III. **Ki fason yo vin pou atake w?**
1. Yo atake pèsonalite w.
   a. Yo atake w sanzatann e san pitye.
   b. Yo atake w nan pwen fèb ou, nan moman ou nan soufrans, ou nan detrès. Detewonònm.25 :17-19
2. Yo atake w devan moun ki pwòch ou pou yo imilye w ou pou anbarase w.
3. Frè a pap ezite yon segonn pou' tabli sou fòt ou yo, pou l blanmen w devan mari w ou madanm ou, pitit ou devan paran w.
4. Li pa konn sa yo rele padon. Li santi ' l satisfè paske ' l fè w soufri. 2Ti.4 :14

Pou fini
Kant yon moun fou fèmen bouch li, yo pran'l pou yon moun ki saj. Yon moun ki veye sou sa l'ap di, se yon moun ki entelijan. Bat pou nou pridan. Pwovèb.17 :28

Kesyon

1. Ki sa ou jwen pi fasil pou w blanmen kay frè w ?
   Egzakteman sa ou genyen lakay ou tou.
2. Ki jan bèt sovaj manifeste yo nan legliz?
   Nan awogans, move pawòl, move atitid, kritik anmè kon fyèl.
3. Ki fason yo atake w?
   a. Yo atake w nan pwen fèb ou, nan momen ou chaje ak pwoblèm deja.
   b. Yo blanmen w devan moun ki pwòch ou.
4. Ki enpresyon moun ki ofanse w la genyen ?
   Li kontan paske li te fè w mal. Li pa konn padonen.
5. Ki jan pou reponn yo? Fèmen bouch ou. Pa pale.

Leson 8 Ki jan pou w konpòte w ak bèt sovaj yo

Vèsè pou prepare leson an: Egzòd.14:14; Sòm. 23 :1-6 ; Mak.1 :9-13 ; 2Timote.2 :23-26
Vèsè pou li nan klas la : Mak. 1 : 9-13
Vèsè pou resite : Toutswit apre sa, Lespri Bondye a pouse Jezi al nan dezè a. Li rete la pandan karant jou epi se la Satan vin tante l. Jezi t'ap viv nan mitan bèt bwa yo, epi zanj Bondye yo t'ap okipe l. Mak.1 : 12-13
Fason pou fè leson an: Diskou, konparezon, kesyon
Bi leson an : Montre ki jan Bondye konn mete frè difisil yo sou wout ou pou l sa devlope karaktè w ak vi èspirityèl ou.

Pou komanse

Gen yon pawòl ki toujou rete menm jan : Bondye nou an se yon refij e yon api ki pa janmen manke nou pawòl, sitou lè nou nan detrès. Ki jan Jezi li menm li te fè pou reziste ak bèt sovaj yo nan Dezè a ?

I. **Li te gen anj ki te la pou sèvi l. Mak.1 :13**

Se sa ki fè li te rete sanfwa, panse l klè e li te toujou pozitif. Egzòd.14 :14
Bondye vle menm ke advèsè nou yo k'ap wè ak de grenn zye yo, ke Jezi li menm sèvi nou manje pandan li ap plen vè nou ak ji. Sòm.23 : 5

II. **Bèt sovaj yo ap obsève l.**

Y'ap tann yon moman ki favorab pou yo atake.
Lè konsa, men sa Jezi mande nou :
  1. Premye sa pou nou fè, se pou nou rete menm kote ak Bondye ak anj yo tou. Sa vle di nou dwe jene e priye. Menn jan avyon bezwen van k'ap frape l pou l vole, konsa tou, kretyen an

bezwen moun kanpe kont li pou'l ka grandi nan vi èspirityèl li.
2. Dezyèm sa pou nou fè : nou dwe rete sanfwa, san pale. Egzòd.14 :14
   a. Si moun nan se patwon w, ofri li ke w'ap asepte fè èstaj menm si l pa peye w pou sa. Ou vle wè byen biznis li men ou vle travay ak diyite e respè.
   b. Si se yon paran, di'l ke w renmen' l e ke ou te k'ap ofri' l yon sèvis ki pi miyò si li te chwazi yon pi bon fason pou abòde w. Men si li kwè li dwe fache pou sa, fèmen bouch ou, pa pale.
3. Twazyèm sa pou w fè a, se ale kote yon moun ki bay konsey nan ka ki konsènen w la. Pwovèb 11 :14
4. Katriyèm sa w ka fè, se inyore moun nan, san w pa inyore pwoblèm nan. Chèche sa ki k'ap grandi vi èspirityèl ou. Pa egzanp, li Bib la, li bon liv, chèche frekantasyon moun ki ka ede w nan vi w.
   Lè ou bay vag a kòlè moun sa, li k'ap pran sans li. Alafen li blije respekte w paske ou pa moun tenten tankou l. 2Timote.2 :24

Pou fini

Pa pran zafè moun ki kanpe kont ou tankou tout bagay fini pou w. Se yon egzamen Kris ap pase w. Prepare pou li. Sonje ke jou pou l bay nou kanè a pa twò lwen rive.

Kesyon

1. Ki sa papa Bondye fè pou nou lè nou nan move sityasyon ? Li voye anj li yo pou asiste nou.

2. Pouki li fè sa?
   a. Se pou advèsè nou yo ka konnen ke Bondye nou ap pran swen nou.
   b. Ke nou pa la pou Bondye livre nou anba dan yo.
3. Ki sa bèt sovaj fè lè konsa?
   Y'ap obsève. Y'ap tann moman favorab pou yo atake.

4. Ki sa nou kap pwopoze yon kretyen nan ka sa a ?
   a. Nou dwe mete nou menm kote ak Bondye.
   b. Nou dwe jennen e priye.
   c. Nou dwe gade tout san fwa nou.
   d. Nou kap wè yon konseye.
   e. Nou ka tou ignore advèsè a

5. Ki jan pou nou pran advèsite yo ? Tankou tès Bondye ap pase nou

6. Ki sa nou dwe fè ?
   a. Nou dwe rete nan sal egzamen an.
   b. Nou dwe rete tann Jezi bay nou kanè.

Leson 9
Ki fòs nou gen pou venk bèt sovaj yo

Vèsè pou prepare leson an: Sòm. 1:1-6; 22:13-17; Matye.5:39; Lik.6:30-35; 1Korentyen: 5:8-13; 1Tesalonisyen. 5:12; Ja.4:7; 2Pyè.3:17

Vèsè pou li nan klas la : Lik.6:27-35

Vèsè pou resite : Se poutèt sa'm desann nou devan Bondye. Men pran pozisyon kont Satan, la kouri kite nou. Jak.4:7

Fason pou fè leson an: Diskou, konparezon, kesyon

Bi leson an: Montre ki jan yon kretyen gen gwo moral pou' l k'ap reaji yon fason diferan devan mechan an.

Pou komanse
Fòk nou pa janm bliye ke bèt se bèt. Ou pa ka mande l pou 'l aji nan yon jan ki pa bèt. Men gen bagay ou dwe pou w konnen :

I. Bèt yo gen fason yo pou yo aji
1. Tout bèt sovaj pa atake an menm tan, ni toupatou.
2. Tout bèt sovaj pa atake menm moun nan. Gen ki reyaji sèlman, lè ou molèste yo.

II. Ki jan pou w reziste a bèt sovaj yo
1. Premye bagay ou dwe fè, ou dwe soumèt ou a Bondye. Answit pou w reziste a Dyab la. Jak.4 :7
2. Se pou w rete nan wòl kretyen w ak konviksyon w. 2Pyè.3 :17
   a. Si w manke pye e ke yon kretyen egzote w, ou dwe remèsye l anpil, anpil, anpil pou sa. E

ou dwe montre moun sa anpil afeksyon paske li vle pwoteje nanm ou. 1Tesalonisyen.5 :12
  b. Renmen ke moun kritike w, fè pedka de moun kap flate w. Se kritik yo ki pou fè w grandi nan levanjil.
3. Rete lwen flatè yo. Se yo ki vle trennen w nan dife lanfè ansanm ak yo. Sòm.1 :1
4. Bat pou w rete senp e pridan. Fè kò w tou piti. Ou pa bezwen moun wè w.
  a. Si yon moun bay ou yon kalòt nan bò machwè gòch la, bay li bò dwat la. Matye.5 :39
  b. Si yon moun mande w, se pou w bay sa w kapab. Si yon moun vole byen w, li pete kouri, pa al reklamen' l nan men l. Li k'ap gen lide touye w.
  Lik.6 :30-35 ; Sòm. 22 :13-14, 17
5. Evite move milye e moun ki ka ankouraje vye tandans ou gen nan kè w. Sòm. 1 :1
  Apòt Pòl bay nou yon lis moun pou nou pa frekante.1Korentyen.5 :8-13

Pou fini

Lit yo pap fini. Yon moun pap jan konnen si w dou, si w gen pasyans e si w enb si ou pa janm twouve w nan pwoblèm ak moun ki vyolan, awogan e ogeye. Ou pa la pou w chanje yo, men pou w pran egzamen. Tanpri rete nan sal egzamen an.

Kesyon

1. Ki jan bèt sovaj yo atake?
   a. Yo tout pa atake anmenm tan.
   b. Yo tout pa atake menm moun.
   c. Yo atake sitou kan moun vin anbete yo.

2. Koman pou nou reziste a bèt sovaj yo?
   a. Se pou w obeyi Bondye
   b. Se pou w yon kretyen ki gen konviksyon.

3. Ki jan pou nou konsidere moun ki egzote nou?
   a. Nou dwe apresye yo e renmen yo
   b. Nou dwe admèt kan nou gen tò.

4. Ki jan pou nou sèvi ak moun ki flatè yo? Nou dwe evite yo

5. E moun ki vyolan ? Evite reponn yo jan nou kapab.

Leson 10
Koman detwi bèt sovaj yo?

Vèsè pou prepare leson an : Jeremi.9 :1-5 ; 17 :5 ; Matye.15 :17-20 ; 1Korentyen.6 :19-20 ; 2Korentyen.11 :26 ; Ga.2 :20
Vèsè pou li nan klas la : Sòm.91 : 1-13
Vèsè pou resite : Moun ki chèche pwoteksyon bò kote Bondye ki anwo nan syèl la, moun sa de tou repo anba zèl Bondye ki tou pisan an. Sòm.91 :1
Fason pou fè leson an : Diskou, konparezon, kesyon
Bi leson an : Montre a tout moun ke anba Bondye a se meyè kote pou yon kretyen rete pou l jwen tout pwoteksyon.

Pou komanse
Eske fòk ou brile fore bwa yo pou detwi bèt sovaj yo? Non. E ki jan pou w defann ou ?

I. **Fòk ou konnen adrès bèt sovaj.**yo
   Yo chita nan pwen fèb nou yo, nan yon ti kwen nan nanm nou. Kò se yon enstriman li ye pou sèvi nanm nan. Pa flate kò a!

II. **Fòk ou konnen ki moun ki bay yo kote pou yo rete**.
   1. Bèt sovaj yo loje nan move panse nou, nan adiltè, nan touye moun, nan vi banbòch, nan volè zafè moun, nan manti sou moun, nan pale moun mal. Matye. 15 : 19
   2. Bèt sovaj ki nan kè nou itilize sèvo nou, lang nou, sèks nou. Li menm itilize men nou ak pye nou pou nou rann Satan sèvis.

III. **Se pou nou mefye nou de Bèt sovaj yo.**
   1. Se sitou lannwit yo fè mouvman yo. Sòm.104 :20-21
      a. Se sitou ankachèt moun fè zak vyolans, dwòg, fonikasyon, adiltè ak krim yo.
      b. Sepoutètsa pwofèt Jeremi di nou pou nou pran gad nou, menm ak frè yo, ak zanmi nou yo paske nou pa konnen ki lè bèt sovaj yo ap gwonde nan kè yo pou bay nou yon kou sezi.
      c. Jeremi. 9 :5 ; 17:5
   2. Apòt Pòl avwe nou ke vi li te andaje nan mitan fo-frè yo. 2Korentyen.11 :26

IV. **Fòk nou obeyi a Senyè nou an**
   1. Se pou Kris loje nan kè nou ak pouvwa l jantimèt jantimètrès. 1Korentyen.6 :19-203
   2. Gen jou k'ap vini pou w di ansanm ak Pòl : « Kounyeya, si m'ap viv, se pa mwen menm k'ap viv, se Kris k'ap viv nan mwen. » Sa vle di li pa gen pou l pè bèt sovaj yo ki nan la vi 'l ankò. Jezi ap dominen yo.Galat.2 :20

Pou fini
Pa vire do w tankou match ant Jezi ak Dyab la pa regade w. Jwe anba Jezikri ! Li pa gen dwa pèdi ! Jwe anba'l, mwen di w ankò, jwe anba'l!

Kesyon

1. Koman pou w touye bèt sovaj yo?
   a. Fòk ou ta konnen adrès yo ak lokatè l yo.
   b. Fòk ou pa nouri yo pou yo pèdi fòs.

2. Ki kote yo loje ?
   Nan tanperaman nou, nan vye panse nou yo

3. Ki sa ki lokatè yo ?
   Peche ki nan kè nou

4. Ak ki sa yo sèvi pou fè nou fè tenten ?
   Sèvo nou, lang nou, sèks nou, pyè nou ak men nou.

5. Ki jan pou n obeyi Bondye ?
   Nou dwe kite l loje nan kè nou tankou se li menm ki sèl mèt nou.

6. Ki sa nou konnen k'ap fèt kan menm?
   Ak Jezi, nou gen viktwa avan menm batay la mare.

Leson 11
Ki wòl zanj yo nan mitan bèt sovaj yo

Vèsè pou prepare leson an : Jenèz.28:12-13; Sòm 34:8; Matye.18:10; Mak.1:13; Jan.1:51; Women.8:28; 1Korentyen.10:13; Efezyen.6:12; Ebre.1:10-14; 1Pyè.5:8; 1Jan.3:2

Vèsè pou li nan klas la: Ebre.1:10-14

Vèsè pou resite : Ki sa zanj Bondye yo ye menm? Yo tout se yon bann lespri k'ap sèvi Bondye. Se Bondye menm ki voye yo pou ede moun ki la pou jwen delivrans la. Ebre.1 :14

Fason pou fè leson an : Diskou, konparezon, kesyon

Bi leson an : Fè nou konnen wòl ajans envisib yo sou tè saa.

Pou komanse

Kò Bondye bay nou an, li tou natirèl. Fòk nou gen yon fòs ki pi fò pase'l pou dominen l. Fòs sadwe soti anwo. Men kote wòl zanj yo soti. Ki jan yo travay?

I. **Zanj yo ap travay san nou pa rann nou kont.**
   1. Yo pa la pou bay nou konsèy, ni pase nou lòd.
   2. Yo sèlman la pou pwoteje nou.
   3. Si nou fè yon bagay ki mal, yo déjà la pou rapòte nou bay papa Bondye. Matye.18 :10 ; Ebre.1 :14
   4. Yo gen dwa antre nan yon moun, yon vizitè pa egzanp ki parèt sou nou pou kase fe nou:
      a. Lè nou te pr'al fè kadejak sou yon fi,
      b. Lè nou te pral di yon gwo mo sal,
      c. Lè nou te pral fè yon krim ou si nou te pral vòlè yon bagay.

Se konsa yon aksidan, yon kontraryete, yon latwoublay ka kontribye pou delivre nou anba demon la chè a. Women.8 :28

Pa eseye twonpe anj yo. Padi se moun ki fè landjèz sou w. Tout la jounen, tout lan nwit, Zanj yo ap **monte desann** pou pote rapò sak kap pase sou tè a bay papa Bondye nan syèl la. Jenèz. 28 : 12-13 ; Jan.1 : 51

II. **Zanj yo la pou ede nou fè diferans**.
1. Pou ede nou kontwole move lide nou yo. Mak.1 :13
2. Pou fè nou santi ke n'ap viv nan mitan de monn : monn Satan ak monn Bondye.
3. Pou fè verite a pèse ke Bondye la ansanm ak nou sitou nan moman nou andanje.
 Sòm.34 : 8 ; 1Korentyen.10 :13
4. Yo la pou ede nou reziste a Dyab la ki vin pou detwi nou. Efezyen.6 :12 ; 1Pi.5 :8

Pou fini

Konnen ke nou pa pou kont nou. Pa konsekan, an nou veye e priye.

Kesyon

1. Montre ki jan zanj yo ap travay san yo pa parèt.
    a. Yo pa la pou bay nou konsey ni pase nou lòd.
    b. Yo la pou pwoteje nou.
2. Ki jan yo parèt pou sove nou lè nou nan detrès ?
Yo parèt nan yon moun ou byen nan yon sikonstans.

3. Ki sa ki fè nou konprann ke yo la ?
    a. Yo fè nou santi ke byen ak mal la yo tou pre.
    b. Yo fè nou santi ke gen de (2) zonn ki egziste : zonn kote Satanle Dyab ap dominen ak zonn kote Bondye ap dominen.
    c. Yo pran defans nou kant le Dyab vin pou devore nou.

Leson 12
Lapòt Pòl nan mitan bèt sovaj yo

Vèsè pou prepare leson an : Travay.14: 19 ; 17 :5-7 ; 20: 29-31; 2Korentyen.11: 23-26; 12:2-10; Filipyen.3:2, 19-20; 1Timote.4;20; 2Timote.4:14-15
Vèsè pou li nan klas la : 2Korentyen.11 :23-26
Vèsè pou resite : Aleksann, bò fòjon an, fè m anpil tò. Senyè a va ba l sa l merite dapre sa l fè a.
2Timote 4 :14
Fason pou fè leson an : Diskou, konparezon, kesyon
Bi leson an : Montre nou ki jan pou nou jere soufrans ke frè legliz yo ap bay nou.

Pou komanse
Se pa de koze Apòt Pòl ta gen pou rakonte nou sou zeprèv li andire nan vwayaj misyonè l yo. An nou kite l pale.

I. **Li pale de pwoblèm li te genyen ak fo pastè yo.**
  1. Men Pòl kap kite legliz Efèz apre twazan li te pastè yo. Men li avèti kretyen yo ke kan l vire do, pap manke fo pastè ki pra l ravaje legliz la ak vye doktrin pou fè kretyen yo chite.
  Travay.20 : 29-31

II. **Li pale de vi li ki te andanje pami fo kretyen yo.**
  Vi li te andanje pami jwif kanmarad li ki joure l mantè. Yo meprize l paske l'ap di la verite. Travay.14 : 19 ; 17 :5-7 ; 2Korentyen. 6 :8 ; 11 :26

III. **Li menm site nou pwoblèm li te genyen ak de louijanboje nan legliz la.**
   1. Yonn te rele Imene, lòt la te rele Aleksann, yon bòs fòjon, Pòl te radye yo nan legliz la pou tèt yo t'ap blasfemen levanjil. 1Timote.4 :20
   2. Se yonn nan rezon ke Aleksann saa te tire revanj, li te fè apòt Pòl soufri anpil. Se komsi li t'ap bat li tankou fè yo nan fòj li a. 2Timote.4 : 14-15

IV. **Li pale de moun ki t'ap mache tankou lènmi Levanjil la.** Filipyen.3 :19-20
   1. Gen yon pati li rele yo : chyen, move ouvriye, fo kretyen. Filipyen.3 : 2
   2. Gen yon lòt pati li rele yo bizisman. Yo pran levanjil la pou yon biznis pèsonèl yo. Sa fè Pòl kriye. Filipyen.3 :20

V. **Ki sa apòt la te fè nan sa ?**
   1. Li rete nan pye Senyè a opwen ke li te vin klere tankou solèy. 2Korentyen.12 :2
   2. Li chwazi pou'l viv sèlman ak gras Bondye. 2Korentyen.12 : 9
   3. Li dakò poul rete fèb jan l ye a, men pou Kris ka sèl wa nan la vi l. 2Korentyen.12 :10

Pou fini
Apati de jodia, pa janm pran advèsè w yo pou lènmi. Konpran ke yo bay ou opotinite pou lite, pou w vin pi fò nan levanjil e sitou, pou w dekouvri gran sekrè ki genyen nan Bondye.

Kesyon

1. Di nou kèk bèt sovaj ki te nan mitan apòt Pòl.
   Fo pastè, fo frè, Aleksann yon bòs fòjon.

2. Ki sa fo pastè yo te fè ?
   Yo te detwi legliz la ak fòs doktrin.

3. Ki sa fo frè yo te fè ?
   a. Yo te menase vi apòt Pòl
   b. Yo pat dakò ak mesaj li yo

4. Ki jan Aleksann bòs fòjon an te maltrete apòt la ?
   Li te di l gwo betiz pou fè l soufri.

5. Pouki Pòl te blanmen kretyen chanel yo ?
   Yo te pran levanjil la pou biznis pèsonèl yo.

6. Ki sa Pòl te fè nan ka saa ?
   a. Li rete nan pye Senyè a jouk li vin klere tankou solèy.
   b. Li chwzai pu l viv sèlman ak gras Bondye
      Li dakò pou Kris pran desizyon pou li.

Li vèsè yo

1. Apre sa, Lespri Bondye pouse Jezi ale nan dezè a pou Satan te ka tante l'.

2. Li ba yo benediksyon, li di. Fè pitit, fè anpil anpil pitit mete sou tè a. Donte tè a. Mwen ban nou pouvwa sou pwason ki nan lanmè, sou zwazo ki nan syèl la, ak s

3. Pa renmen lemonn, ni anyen ki soti nan lemonn. Si yon moun renmen lemonn, li pa gen renmen pou Papa a nan kè li.

4. Se nan kè l' tout move lide soti, lide touye moun, lide fè adiltè ak tout lòt bagay ki pa dakò ak volonte Bondye tankou lide vòlò, lide fè manti sou moun, lide bay manti. Matye 15 :19
5. Konsa tout kalite zwazo, nan tout kalite bèt domestik, nan tout kalite bèt ki trennen sou vant yo, gen yon pè nan chak kalite ki va vin jwen ou pou yo pa mouri. Jenèz.6 :20
6. Yo kraze de menm ak de pye m. Tout zo nan kò m parèt. Sòm. 22:16b-17a

7. Pitit mwen, gen krentif pou Senyè a. Respekte wa a. Ou pa gen anyen pou wè ak moun kap kenbe tèt ak yo. Pr. 24 :21

8. Toutswit apre sa, Lespri Bondye a pouse Jezi al nan dezè a. Li rete la pandan karant jou epi se la Satan vin tante l. Jezi t'ap viv nan mitan bèt bwa yo, epi zanj Bondye yo t'ap okipe l. Mak.1 : 12-13

9. Se poutèt sa'm desann nou devan Bondye. Men pran pozisyon kont Satan, la kouri kite nou. Jak.4:7

10. Moun ki chèche pwoteksyon bò kote Bondye ki anwo nan syèl la, moun sa de tou repo anba zèl Bondye ki tou pisan an. Sòm.91 :1

11. Ki sa zanj Bondye yo ye menm? Yo tout se yon bann lespri k'ap sèvi Bondye. Se Bondye menm ki voye yo pou ede moun ki la pou jwen delivrans la. Ebre.1 :14

12. Aleksann, bò fòjon an, fè m anpil tò. Senyè a va ba l sa l merite dapre sa l fè a. 2Timote 4 :14

Evalyasyon Pèsonèl

1. Ki pwen nan 12 leson yo ki te pi touche w ?
   _____

2. Ki sa ou jwen nan li
   a. Pou tèt pa w ?
   _____
   b. Pou fanmiy w ?
   _____
   c. Pou Legliz w ?
   _____
   d. Pou peyi w ?
   _____

3. Ki desizyon ou vle pran imedyatman apre klas la ?
   _____

4. Men sijesyon, mwen (Untel), mwen genyen pou Lekòl dimanch nan Legliz mwen :
   a._____
   b._____
   c._____

5. Kesyon pou w reponn a tèt ou sèlman
   a. Ki sa mwen vo pou Legliz la depi mwen la ?
   b. Ki sa mwen vle fè pou li vin pi miyò ?
   c. Si Jezi vini kounyeya, eske m pap wont akòz jan de fwi yo mwen kap prezante l ?

Tome 15-Seri 4

Nan wout pou nou bon nèt

Avangou
Lè Jezi t'ap fini preche premye pati Mesaj li sou Montay la, Li di moun yo konsa: « Bat pou nou bon nèt nan sa n'ap fè tankou Papa mwen ki nan syèl la.
Matye 5 :48
Apre tout batay li te mennen nan vi èspirityèl li, Apòt Pòl di ke li poko mete men l sou kote l dwe rive a.
Filipyen 3 :12
Pou byen di w, pawòl saa fè nou santi yon bezwen pou devlope vi nou nan pèseverans ak nan andirans pou sipòte eprèv ; men sa pa vle di ke nou bon nèt pou sa. Se pito yon pèseverans ti pa ti pa kote Senyè a li menm ap fè travay li nan la vi nou nan jan li vle.
Filipyen.2 :12
Lè nou va rive nan kondisyon Bondye vle a, se atò nou va vin sanble ak li tèt koupe tankou nou te ye nan paradi a avan lòm te peche. 1Jan.3 :2
Se domay ke gen anpil frè ak sè ki si tèlman yo pi kretyen pase tout moun, ke yo lonbraje pou nenpòt fòt yon lòt frè fè. Yo bliye se nan match la nou ye, men match la poko fin jwe.
Ke Bondye ede nou nan leson sa yo pou nou jwen kont nouriti èspirityèl pou fè nou fin bon nèt.

Pastè Renaut Pierre-Louis

Leson 1
Preparasyon pou kous la

Vèsè pou prepare leson an: 1Samyèl .10: 23; Travay.9:15-18; 13: 4; 16: 37; 22: 3; Women.7:19; 2Korentyen.5:17; Galat.2: 20; Filipyen.3:4-9

Vèsè pou li nan klas la : Filipyen.3 :1-9

Vèsè pou resite: Se pou nou pran Jezikri Senyè nou an tankou yon zam mete sou nou. Pa kite egzijans kò a pran pye sou nou pou fè nou fè tout sa li anvi fè. Women 13 :14

Fason pou fè leson an : Diskou, konparezon, kesyon

Bi leson an : Se pou tabli tout kondisyon pou Jezi asèpte yon jwè patisipe nan ekip li a.

Pou komanse

Chak ekip gen regleman pa l. E tout moun nan ekip la dwe respekte regleman sa yo. Nan Bib la nou jwen regleman Senyè nou an bay tou.

I. **Ki jan pou yon moun ka jwè nan ekip Senyè a?**
   1. Pa egzanp, Bondye chanje non Sol ki vle di gran, an Pòl ki vle di pitit. 1Samyèl. 10:23; Women.7:19; Travay.9:15; 13:4; 22:3
      «Konsa si yon moun konvèti, li vim yon lòt moun.» 2Korentyen.5:17
   2. Bondye mande w pou w pote inifòm ekip li a.
      Pòl te oblije renmèt mayo **Lwa Moyiz la** ki te fabrike sou mòn Sinayi' **pou l mete mayo Gras Kris la** ki te fabrike sou mòn Golgota. Li t'ap oblije pote mayo Gras la jouk li fini kous la. 2Timote.4 :7

II. **Kondisyon pou w patisipe nan kous la**
   A) **Ou dwe depouye w de lògèy ou**:
      1. Pòl t'ap mennen yon batay nan konsyans li ki te fè l soufri anpil.
         Women.7 : 19 ; Galat.2 :20
      2. Li te gen pou l depouye l de tout bagay ki barase vi èspirityèl li:
         a. Zafè tit sitoyen Women. Travay.16 :37
         b. Zafè fyète l tankou farizyen, dechoukè nan legliz Jezikri a. Filipyen.3 : 4-9
         c. Zafè diplòm de moun save ki te etidye anba doyen l Gamalyèl. Travay.22 :3
         Tout bagay sa yo te dwe tonbe.
   B) Ou dwe etidye nan **silabè** Levanjil la.
      1. Bondye vegle zye l nan LaLwa Moyiz la.
      2. Li pran yon senp ti sèvitè l pou l retire gwo kal enkredilite nan zye Pòl jouk li mennen'l nan chemen Lafwa nan Jezikri.
         Travay : 17-18
      3. Anfen, Pòl batize nan levanjil. Travay.9 :18

Pou fini

Frè m yo, mwen prezante nou nouvo jwè sa nou rele Pòl sou teren levanjil la. Li pral jwe nan ekip Jezikri a. An nou swiv match li yo pou nou wè sa' l pral renmèt nan Levanjil la.

Kesyon

1. Ki jan Jezi pran jwè l yo nan kous la vi kretyen an?
   Jwè a dwe pote non Kris ak inifòm Kris.

2. Ki sa l te fè ak Pòl ?
   a. Li te gran, Bondye fè l piti.
   b. Li dwe rejte mayo Lwa Moyiz la pou l pran mayo lafwa nan Kris la.

3. Ki premye kondisyon pou l patisipe nan kous la?
   Li dwe depouye de lògèy li.

4. Ki sa ki te fè Pòl te santi l anpil?
   a. Li te fè gwo etid nan inivèsite
   b. Li te yon farizyen
   c. Li te sitwayen Women
   d. Li te yon dechoukè kretyen levanjil

5. Ki sa Bondye te fè pou venk li ?
   a. Li vegle zye l sou zafè Lwa Moyiz la.
   b. Li voye yon kretyen pou louvri zye l sou chemen la fwa nan Jezikri
   c. Li resevwa batèm evanjelik.

Leson 2
Antrènman pou kous la

Vèsè pou prepare leson an: Travay.11:26; 13:1-2; 17:1-9; 19:1-40; 23:2-3; 26:27; Women. 8:37-39; 2Korentyen. 11:12

Vèsè pou li nan klas la : Travay.16 :22-34

Vèsè pou resite : Yon jou yo t'ap fè sèvis Bondye, yo t'ap fè jèn, le Sentespri di yo : Mete Banabas ak Sòl apa pou mwen, pou yo fè travay mwen chwazi pou yo fè a. Travay.13 :2

Fason pou fè leson an : Diskou, comparaissons, Kesyon

Bi leson an : Motive kretyen yo pou yo ale preche Levanjil.

Pou komanse

Bondye nou an saj anpil. Li pa mete eprèv yo devan nou toudenkou. An nou wè ki jan li bati yon pwogram pou apòt Pòl.

I. Premye match la : Bondye bay Pòl ti pwoblèm konsa konsa.

1. Apre konvèsyon l li te batize. Sa pat pran l tan pou l al preche levanjil nan sinagòg yo nan vil Damas, nan peyi Siri. Travay.9 :18-20,22
2. Apre sa Banabas, yon jwif grèk ki t'ap viv nan zile Chip, li te angaje Pòl tankou yon moun k'ap fè èstaj' pou l te anseye bib la pandan yon lane nan Legliz Antiòch. Travay.11 :26
3. Kèk tan apre sa, yon sosyete misyonè voye 'l ansanm ak Banabas nan misyon pou yo evanjelize payen yo. Travay.13 :1-2

II. Dezyèm match la : Pòl ap komanse leve pèz ki pi lou

1. Yo te maltrete l, jete l nan prizon a Filip, nan peyi Masedwan. Malgre tou sa, li te gen pou l padonnen a majò prizon an ki te maltrete l la.
Li bay li levanjil jouk li te batize l. Travay.16: 31
2. Yo te pèsekite l a Tesalonik e a Efèz. Se nan lè sa yo li konprann ke diplom li yo pat kap pwoteje l. Travay.17: 1-9 ; 19: 23-29

III. Twazyèm match la : Li plenn anba pèz lou yo.

Yo bat li senk fwa, chak fwa ak 39 kout baton. 2Korentyen.11 :12

Li rann temwayaj devan wa Agripa 2, denyè jenerasyon nou konnen nan pitit Edom yo ki gwo lènmi jwif yo. Travay.26 :27

Malgre gwo etid li te fè nan inivèsite, sa pat anpeche yo kalote' l devan tout moun pou Levanjil. Ki sak te pou anpeche l tonbe ? Travay.23 :2-3

Lè Pòl leve kanpe, li gwosi ponyèt lafwa li nan Kris pou l di : « Men nan tout bagay sa yo, mwen plis ke venkè gras a Kris ki pa manke renmen m. » Women. 8 :37-39

Pou fini

Jezi angaje nou tou pou n lite. An nou bat pou nou pran levanjil la oserye.

Kesyon

1. Ki jan Bondye voye eprèv sou nou ? Yonn apre lòt
2. Ki pèz ki leje Pòl te gen pou l leve ?
   a. Li te komanse ak temwayaj li te rann pou Kris nan vil Damas kote li te konvèti a.
   b. Li te pase yon lane nan vil Antyòch ap anseye bib la ansanm ak Banabas.
3. Ki pèz ki te gen yon ti jan pi lou li te leve?
   Yo te bay li kèk kout rigwaz e jete li nan prizon a Filip.
   a. Malgre tou, li te padonen bouro a e li te bay li levanjil.
   b. Yo te pèsekite l nan Tesalonik e nan Efèz.
4. Li pèz lou nèt li te dwe leve ?
   a. Yo bat li senk fwa ak 39 kout baton chak fwa yo.
   b. Li te gen pou l temwaye devan wa Agripa II, lènmi tout nasyon jwif la.
   c. Yo kalote misye devan tout moun.

Leson 3
Pèz lou ki depase fòs li

Vèsè pou prepare leson an : Egzod.14 :14 ; Sòm.34 :1 ; 1Korentyen.10 :13 ; 2Korentyen. 11 :26-27 ; 12 :1-10 ; Kolosyen.4 :14

Vèsè pou li nan klas la : 2Korentyen.12 :1-10

Vèsè pou resite : Se sak fè tout mwen kontan anpil lè m santi m fèb, lè y'ap joure m, lè m nan lafliksyon, lè m anba pèsekisyon, lè m nan difikilte, lè m ap sibi tou sa akòz Kris la. Paske lè m fèb, se lè sa a mwen gen fòs. 2Korentyen.12 :10

Fason pou fè leson an : Diskou, konparezon, kesyon

Bi leson an: Bay yon lis eprèv ke nou kap andire anva nou vin bon nèt.

Pou komanse
Ala yon bagay ki byen dwòl, pou se lè yon moun pi pre Bondye, pou se lè saa pou yon anj Satan ap kalote w ! Pouki apòt la te genyen tout presyon sa yo ?

I. Se paske Bondye pral fè l wè twazyèm syèl la.
  Men sa pou n pa bliye : 2Korentyen.12 : 2
  a. Premye syèl la se kote nou ye, kote n'ap respire lè a.
  b. Dezyèm syè l se kote zetwal yo ye a.
  c. Twazyèm syèl la se kote Bondye rete a.

II. Pou Pòl rive la, li dwe pou l depouye nèt ale.
  1. Bondye blije fè misye vin tou piti.
    a. Li mete yon zanpèt nan chè li. Se te yon andikap pou l pa kap fè sa l pito ankò. Li te

oblije genyen dòkte Lik pou swaye l tou tan. Kolisyen. 4 :14

b. Li te genyen yon Anj Satan pou ap bay li souflèt de tanzantan. Se te kap kèk erè li te komèt nan vi l, ke moun ap mete deyò de tanzantan pou fèmen bouch apòt la.

III. Men pèz lou yo ke l te dwe sipòte.
2Korentyen .12 : 10

Avan nou ale pi lwen, se pou nou sonje ke Bondye mezire fòs nou; Konsa li bay nou eprèv nan mezi nou kap sipòte. Si nou febli, nou ap jwen sekou nan prezans li. 1Korentyen.10 :13

An nou wè kèk pèz ki lou :

1. Kant ou pa reponn lè moun ap di w gwo betiz. Egzòd.14 :14
2. Kant w'ap bay Bondye glwa nan moman ou malad, ou pa gen lajan. Sòm.34 :1
3. Kant ou kenbe lafwa nan Bondye nan mitan pèsekisyon, pandan ke moun ou te pi konte sou li abandonen w. 2Korentyen.11 :26-27
4. Kant soufrans tounen yon tizann pou w bwè de (2) gòje de tanzantan. 2Korentyen.12 :10

Pou fini

Pou w rive nan pwen saa, li koute w anpil. Men si ou asèpte kondisyon sa yo, wa rive di ak Pòl : « Kant ou wè m fèb, se lè saa mwen fò. » 2Korentyen.12 :10

Kesyon

1. Ki sa premye syèl la reprezante?
   Lè a n'ap respire a

2. Ki sa dezyèm syèl la reprezante ? Kote zetwal yo ye a.

3. Ki sa twzayèm syèl la reprezante ?
   Kote Bondye rete a.

4. Ki sa echad la reprezante ?
   Yon andikap nan kò Pòl

5. Ki sa ki pi sanble ak Anj Satan pou souflete l la ?
   Erè li te kap fè nan vi l ke moun ap soulve kont li.

6. Ki jan de pèz lou li te gen pou l leve ?
   a. Pou l fèmen bouch kant moun ap di' l betiz
   b. Pou l bay Bondye lwanj nan mitan eprèv
   c. Pou l gade la fwa nan mitan soufrans ak pèsekisyon

7. Ki moun li k'ap konte sou li nan moman sa yo?
   Bondye

Leson 4
Ki jan pou yo medaye w apre kous la.

Vèsè pou prepare leson an :
Travay.20:24; 1Korentyen.9:24-27; 2Korentyen.11:26-27; Filipyen.3:14; 2Ti.2:5
Vèsè pou li nan klas la : 1Korentyen.9:24-27
Vèsè pou resite : Lè y'ap fè konkou pou wè kilès ki ka kouri pi vit, tout moun gen pou kouri. Men se yon sèl ki gen premye pri a. 1Korentyen.9 :24
Fason pou fè leson an : Diskou, konparezon, kesyon
Bi leson an : Ankouraje kretyen yo pou yo pèsevere jis lafen.

Pou komanse
Jwèt olenpik ki te pi alamòd nan peyi Grèk nan tan lontan se te batay ak nepe ak fè kous. Pouki anpil moun te enterese a jwèt sa yo?

I. **Se te akòz pri yo bay a moun nan ki genyen an.**
Tout moun mèt ap kouri nan estad la, men se yon sèl moun k'ap pran koup la. 1Korentyen.9 :24
1. Yo te bay moun ki genyen an yon kouwòn ak yon branch oliv.
2. Moun sa te gen dwa jwenn nenpòt djòb nan Leta.
3. Apre match la, li gen yon envitasyon pou l manje ak politisyen yo ak abit la tou.
4. Lè li gen pou l antre nan vil la, tout moun kanpe pou bat bravo pou li. Yo fè menm pyès lajan ak foto l sou li, pou li ka popilè nan tout peyi laGrès la.

II. **Men ki kondyson pou w gen koup la ?**
Jwè a dwe fè sèman ke li va respèkte tout règ jwèt la. Sizoka li fè koken nan jwèt la, abit la mete l deyò e yo avili l an plen piblik. 2Ti. 2 :5
1. Pòl di nou ke li mare senti l pou l lite. Li asèpte travay ak Bondye san pran vankans, ni pran plezi ak zanmi l. 1Korentyen.9 : 27
2. Li asèpte pase anpil jou jèn, li pase anpil nwit san dòmi. 2Korentyen.11 : 26-27
3. Li pa bay vi li okenn enpòtans. Li pran tout kalite risk pou l preche Levanjil. Travay.20 :24

Li fè tout sa se pou l pa manke syèl nan Jezikri. Filipyen.3 : 14

Pou fini
Sipozon Bondye ta òganize yon chanpyona e ke se yon sèl moun ki ta dwe gen koup la, ki sa w ta fè ? Monchè, pa pèdi tan w reflechi. Pito w al enskri jodia menm pou match la! Koup la vi etènèl two bèl!

Kesyon

1. Ki jwèt olenpik ki te pi alamòd nan peyi Grèk yo nan tan lontan?
   Konpetisyon kouri ak batay ak nepe.

2. Konbyen jwè ki pou genyen pri a ? Yon sèl

3. Ki jan yo te onore l?
   a. Yo te bay yo ti branch oliv ak yon kouwòn.
   b. Li gen dwa genyen nenpòt djòb nan Leta.
   c. Yo envite l nan bankè ak chef yo, ak abit la.
   d. Tout moun bat bravo pou li lè l antre nan peyi l.
   e. Yo mete foto'l sou lajan monnen nan peyi a.

4. Ki disiplin li te blije swiv?
   Li te prete sèman pou di li va jwe san fè koken.

5. Ki rejim Pòl te blije swiv?
   a. Pòl di nou ke li mare senti l pou l lite. Li asèpte travay ak Bondye sans pran vakans, ni pran plezi ak zanmi
   b. Li asèpte pase anpil jou jèn, li pase anpil nwit san dòmi.
   c. Li pa bay vi li okenn enpòtans. Li pran tout kalite risk pou l preche Levanjil

Leson 5
Premye disiplin pou konpetisyon kous la

Vèsè pou prepare leson an: Lik.9:23, 62; Jan.17:14; Travay.20:27; Galat. 1:11-12; 2:20; Efezyen. 6 :11-12 ; Filipyen.3 : 4-13 ; 2Timote.2 :2

Vèsè pou li nan klas la : Filipyen.3 : 10-14

Vèsè pou resite : Mwen pa gen pretansyon mwen rive déjà kote m prale a, ni mwen poko fin bon nèt. **Filipyen.3 :12a**

Fason pou fè leson an: Diskou, konparezon, kesyon

Bi leson an: Konpare vi kretyen an tankou se te yon kous.

Pou komanse

Jezi pa janmen rele moun pou fè legetè ni landjèz ni moun ki sou blòf yo. Li rele moun pou prepare yo pou yo vin gran litè. Sepoutèt sa, nou dwe soumèt nou a disiplin li.

I. Men premye disiplin nan:
1. Ou dwe bliye sa w te ye, sa vle di ou renonse a w menm. Lik.9:23; Filipyen.3:13
   a. Zafè la kantamwa dwe sispann pou ke Jezi gen tout konwòl vi w. Ga. 2 : 20
   b. Si l pa konsa, zafè ale nan syèl la ou te mèt bliye sa. Lik.9:62
   c. Nou sonje ke Pòl te dwe renonse a lògèy li a, a relijyon n pou tèt Kris. Filipyen.3 :4-9

2. **Men dezyèm disiplin nan** : ou dwe vin nan lekòl Kris la.
   a. Apòt yo te rete nan Lekòl Kris la pandan twazan san rete.

b. Pou Pòl menm, li deklare ke se nan yon revelasyon li resevwa enstriksyon nan men Jezikri. Galat.1 :11-12
Li menm li gen konsyans ke li te pase tout enstriksyon sa yo a manm Legliz li yo nan Legliz Efèz. Travay.20 :27
c. Li rekomande Timote pou l transmèt menm enstriksyon sa yo a moun ki fidèl pou pase yo a lòt moun. 2Timote .2:2
3. **Ou dwe pou ame w ak tout zam Bondye**. Efezyen.6 :11
a. Paske ou gen pou w lite kont tout pisans Dyab la. Efezyen.6 :12
b. **Paske ou pa sou teren w**. Jezi te di ke le monn se pa kay li, ni nou menm tou. Jan.17 :14

Pou fini

Men premye kondisyon yo pou w patisipe nan konpetisyon Levanjil la. Eske w pare?

Kesyon

1. Ki moun ki éliminé nan kous la ak Jezi anpatan?
   Legetè, djòlè ak moun ki sou blòf yo.

2. Ki moun li enskri nan konpetisyon an?
   Moun li prepare pou yo lite

3. Ki kondisyon pou w patisipe nan konpetisyon an?
   a. Se pou w pa nan lakantamwa
   b. Se pou w pran kwa a e pou w swiv li
   c. Se pou w chita nan lekòl li pou w aprann

4. Ki sa ki te rive ak Pòl ?
   a. Apre konvèsyon l li re resevwa enstriksyon dapre revelasyon Senyè a.
   b. Li pase menm enstriksyon sa yo a Timote, ki te disip li.
   c. Li mande nou pou nou pote tout zam Bondye.

5. Pouki sa?
   a. Paske nou nan batay ak tout pisans Satan le Dyab.
   b. Paske lemonn se pa lakay nou

Leson 6
Dezyèm disiplin

Vèsè pou prepare leson an : Matye. 6 : 9-15 ; 10 :37 ; Mak.10 :35-37 ; Jan.12 :25 ; Travay.1 :8

Vèsè pou li nan klas la : Filipyen 3 :12-15

Vèsè pou resite: Mwen pa gen pretansyon mwen rive déjà kote m prale a, ni mwen poko fin bon nèt. Men m'ap kouri sou kous mwen, pou m wè sim ka mete men sou kote m dwe rive a, paske Jezikri pou tèt pa l fin mete men sou mwen deja. **Filipyen.3 :12**

Fason pou fè leson an: Diskou, konparezon, kesyon

Bi lesons an : Montre ke moun ki angaje tout bon nan lit Levanjil la, pa gen dwa fè bak.

Pou komanse

Depi w wè yon moun gen konviksyon, li pa gen dwa pa reyisi. Jezi vle disip li yo gen konviksyon. Ki kote ojis li pral mennen yo?

I. **Depi ou asepte Jezi pou sovè w, lè pa w pa konte ankò.**
   1. Kant li t'ap montre disip li ki jan pou yo priye, Jezi te di : « Papa, ke volonte w fèt.» Matye.6 : 10
   2. Jezi pa gen menm mont ak nou pou l kontwole lè. Menm pou Mari ki te mande l yon sèvis, li di l kareman : « M'ap tann Lè m, li poko rive.» Sa vle di, l'ap tann Papa l deside.

II. **Ak Jezi, santiman nou pa konte ankò.**
   1. Si yon moun kwè ke li renmen papa l ak manman l plis pase m, mwen pap asèpte l pou disip mwen. Matye.10 :37

2. Si w renmen vi w twòp w'ap pèdi l. Men si w asèpte pèdi l parapòt mwen, ou va retwouve l pou la vi etènèl. Jan.12 : 25
III. **Ak Jezi, pwojè nou yo pa konte ankò.**
   1. Disip yo te kwè ke Jezi te vini pou l te wa sou la tè. Yo t'ap vin gwo zotobre nan gouvèman l. Mak.10 :35-27 ; Travay. 1 :6
   2. Poutan Jezi angaje yo tout nan yon Gran Komisyon pou yo pa janmen retounen nan Palestin. Depi lè sa tout moun se mare pakèt pou yo ale atravè le monn pou al preche levanjil. Travay. 1 :8
3. Tout mouri tankou mati nan travay saa.

Pou fini
Piske se Jezi ki chemen an, an nou swiv li jiskobou. Si nou mouri, na mouri pou kichoy.

Kesyon
1. Ki dezyèm disiplin Kris te bay nou?
   a. Se pou n asèpte volonte Bondye
   b. Lè saa santiman nou pa konte ankò.
2. Ki egzijans Jezi fè nou alega de fanmiy nou?
   Se pou nou renmen l plis pase fanmiy nou, plis pase pwòp tèt nou.
2. Ki sa disip yo t'ap espere de Jezi ?
   Yon wa sou tè a pou bay yo gwo djòb.
3. Ki jan Jezi te wete sa nan lide yo ?
   Li voye yo atravè lemonn al preche Levanjil.
4. Nan leson saa, ki sa chemen an vle di ?
   Mwen se egzanp la pou nou swiv.
5. Ki sa ki te rive tout apòt yo? Yo tout te mouri mati

Leson 7
Kant n'ap vin fò pou nou bon nèt

Vèsè pou prepare leson an : Sòm.15 :4 ; Pwovèb.20 :25 ; Matye.5 :22-23, 37, 44 ; 6 :15 ; Lik.6 :30 ; Efezyen.4 :26 ; Jak.1 :20 ; 5 :12
Vèsè pou li nan klas la : 1Korentyen.9 :24-27
Vèsè pou resite : Se vre wi, frè m yo. Mwen pa kwè m déjà mete men m sou kote m dwe rive a. Men, mwen gen yon sèl bagay pou m fè, se pou m bliye tout sa ki dèyè m, pou m fè jefò pou mete m sou sa ki devan lan. Filipyen.3 :13
Fason pou fè leson an: Diskou, konparezon, kesyon
Bi leson an: Wè ki jan na ankouraje kretyen yo swiv Kris san gade dèyè.

Pou komanse
Depi yon moun ap pale de monte, ou wè plizyè mach eskalye ak anpil efò pou w fè. Nan zafè monte kay Bondye, se la chè ke nou dwe dominen. Nan ki sans?

I. **Dabò se nan tanperaman nou**.
   1. Nou dwe dominen lang nou ak sèks nou.
   2. Nou dwe dominen kolè nou e betiz ki kap soti nan bouch nou.
      a. Kolè nou pa dwe pou dire plis ke yon jou. Matye. 5 :22 ; Efezyen.4 :26
      b. Kolè nou pap rann Bondye okenn sèvis. Jak. 1 :20

II. **Answit nan dispozisyon kè nou**.
   Padon se pi gran don ke ou kap fè yon moun. Se Jezi ki montre nou sa. Nou dwe padonen menm jan Bondye padonen nou. Matye. 5 :23; 6 : 15

III. **Answit nan fason nou distribye afeksyon nou**
Li mande pou n renmen moun ki pa merite l, pou nou sipòte moun ki ensipòtab, menm si ou pa apwouve defo l. Li gen dwa di w ipokrit si l vle. Matye. 5 :44 ; 23 : 13,14, 23

IV. **Answit e anfen nan grandè kè nou**
1. Li mande nou pou nou pa reklamen byen nou de moun ki vole l. Lik.6 :30
2. Nou ka riske pedi ni vi nou ni byen nou.

IV. **Pou fini : nan pawòl donè nou.**
1. Nou dwe respèkte angajman nou ak Bondye e ak tout moun, menm si li pa nan avantaj nou. Sòm.15 : 4
2. Bondye ki fè nou sanble ak li tèt koupe, li toujou respèkte pawòl li. Li mande nou pou nou fè menm jan tou, nou ki pitit li. Jak.5 :12.
3. Nou dwe respèkte dim nou ak ofrann nou tankou se yon bagay ki sakre.
Pwovèb .20 :25 ; Matye .5 :37

Pou fini
Mach eskalye pou monte a vin chak jou pi difisil. Nan pwen moun ki kap fini kous la si ou pa gen Jezi avè w. Tanpri gade zye nou fikse sou li menm sèl.

Kesyon

1. Lè n'ap pran mach eskalye levanjil ki bagay pou nou dominen ? Feblès Lachè
2. Nan ki jan ?
    a. Nan tanperaman nou
    b. Nan fason nou montre bonkè nou a moun ki fè nou mal
    c. Nan afeksyon nou

3. Ki sa nou dwe dominen nan tanperaman nou ? Lang nou, sèks nou, kolè ki kap monte nou.

4. Ki sa nou dwe konprann nan ak jenewozite nou? Nou dwe padonen moun men jan Bondye padonen nou.

5. Koman pou nou distribye afeksyon nou ?
    a. Nou dwe renmen menm moun ki pa merite sa
    b. Nou dwe tolere ak sipote moun ki ensipòtab yo

6. Ki jan pou nou montre grandè nou
   Lè nou renonse pouswiv moun ki pran byen nou.

7. Pou ki sa? Ou riske pèdi ni byen w ni vi w.
8. Ki jan pou nou konpòte nou devan angajman nou ?
   Nou dwe respekte yo, kelke swa sa l koute nou.

Leson 8
Dènye mach la pou nou bon nèt

Vèsè pou prepare leson an : Ezayi.61:7; Matye.5:12, 39-41; Lik18:1-8; women. 5 :8 ; 15:1; 2Korentyen.6:1-10; Galat.6 :14; Filipyen.4:9

Vèsè pou li nan klas la : 1Korentyen.9:24-27

Vèsè pou resite : Konsa m'ap kouri dwat devan m sou mak kote m prale a, pou m ka jwenn rekonpans Bondye rele m vin resevwa nan syèl la, gremesi Jezikri. Filipyen.3 :14

Fason pou fè leson an Diskou, konparezon, kesyon

Bi leson an : Se bay Bondye glwa pou kote ke se li sèl ki ka mennen nou an ak pisans li.

Pou komanse

Kounyeya, men nou rive nan kote ki pi difisil nan vi yon kretyen. Li gen senk mach difisil ke li dwe monte tankou se te ma swife. Men yo:

I. **Premye a : Se pou l konsanti ke l pa anyen**
Jezi te di sou w vle beni nan la vi a se pou w asepte moun fè w tout kalite mechanste poutèt non li. Matye.5:12; 39-41; 2Korentyen.6:1-10; Ezayi. 61:7

II. **Dezyèm nan : Se pou w gen afeksyon sèlman pou bagay ki nan syèl la.**
Ki sa yo ye ojis ? Se bagay ki soti nan Bondye :
1. Lafwa ke nou kenbe gras a yon vi de priyè. Lik.18 :1-8
2. Gras Bondye ke nou dwe apresye pa mwayen lwanj ak temwayaj n'ap fè pou Bondye.

3. Lapè ke nou dwe mentni gras a yon relasyon kole kole ak Bondye e ak pwochen nou yo. Filipyen.4 :9
4. Lanmou pou Bondye ak pwochen nou kant nou sonje konbyen Sali nou te koute anwo kwaa. Women.5 :8

III. **Twazyèm nan : Chèche sèlman sa ki fè Bondye plezi.** Women.15 :1
   1. Sonje ke kretyen an pa fè sal pito, men sa Bondye vle. Chè li amòti, dezi chanèl yo pa dominen l ankò. Galat.6 :14

IV. **Katriyèm nan : Pouw pa janm gade kwa kalvè a ni syèl la a distans.**
   1. Sonje ke vi nou komanse nan pye Kalvè a jis li rive nan syèl la.
   2. Nou dwe rejte tout bagay ki kap bay nou reta nan kous nou pou nou ale nan syèl la.

V. **Senkyèm nan : Se pou w konsidere ke tout ou menm se pwopyete Bondye.**
   Jezi se mèt ni kò nou ni nanm nou. Nou menm se lokatè nou ye nan kò a. Bondye kap mete nou deyò nan kò a nenpòt lè, menm gwo lannwit. Lik.12 :20 An nou bay Bondye glwa. Li sèl kap fè nou fini kous la.

Pou fini
Lè w rive nan pwen saa, bat pou lògey èspirityèl pa fè w gade akote w pou w konpare w ak lòt moun. Ou san lè pedi ekilib ou pou w tonbe anba.

Kesyon

1. Ki dènye aspè nan vi kretyen an pou l fin bon nèt ?
   a. Li dwe konsanti ke san Kris li pa vo anyen.
   b. Li dwe gen atachman sèlman pou bagay ki gen rapò ak syèl la.
   c. Li dwe chèche sèlman bagay ki fè Senyè a plezi.
   d. Li dwe gade kwa Kris la tou pre l.
   e. Li dwe konsidere tèt li tankou byen Bondye.

2. Ki jan pou w konsanti ke san Kris ou pa anyen ?
   Ou pa dwe fache paske moun ap kritike w pou Jezikri.

3. Ki bagay ki soti anwo ke nou dwe renmen?
   Lafwa, lagras, la pè, lanmou Bondye

4. Ki jan pou n fè Bondye plezi ?
   a. Lè nou fè sa l renmen
   b. Lè nou pa bay lachè avantaj sou nou.

5. Nan ki wout kretyen an dwe pase?
   Nan wout kalvè a.

Leson 9
Refòmasyon

Vèsè pou prepare leson an : Matye.5 : 11-12, 33-48 ; 2Timote.2 : 24-25

Vèsè pou li nan klas la : Matye.5 :38-48

Vèsè pou resite : Non, nou fèt pou nou bon nèt, menm jan Bondye Papa nou ki nan syèl la bon nèt. Matye. 5 :48

Fason pou fè leson an : Diskou, konparezon, kesyon

Bi leson an : Motive kretyen yo pou yo bat pou yo fin bon nèt.

Pou komanse

Si m te kap mete ansanm moun ki pa vyolan, mwen t'ap mete ladan Mahatma Gandi, Maten Litè King. Ak ki moun nou wè yo sanble nan atitid yo?

San pale anpil, nou di ak Jezi, Bondye ki bay nou lapè a. Gade ak ki bagay li vini:

I. Li di se pou nou evite diskisyon
1. Si yon moun bay ou yon kalòt nan machwè gòch la, tou lonje bò dwat la bay li. Mat.5 :39
2. Yon sèvitè Bondye pa nan goumen ak moun. Okontrè, li dwe pou l afab ak tout moun.
3. Li dwe redrese advèsè a ak anpil dousè. Ou pa janm konnen si Bondye pa l touche kè l pou l wè e panse yon lòt jan ki pi bon.
   2Timote.2 :24-25

II. Li dwe evite kenbe moun nan kè.
Kretyen pa janm dwe mare lènmi ak advèsè a.

1. Se yon match kap jwe. Se yon bon opotinite li jwen pou li mezire degre èspirityèl li pou l bay prèv ke li pitit Bondye tout bon vre.
   Matye. 5 : 44-45
   a. Kris mande nou menm pou n renmen yo. Pou n beni moun ki bay nou madichon.
   b. Pou n fè dibyen a moun ki rayi nou.
   c. Pou n priye pou moun kap maltrete nou, kap pèsekite nou. Matye.5 :44
2. Se la nou komanse pran benediksyon ak anpil pwomosyon. Matye. 5 :11-12
3. Se dènye mach sa nan ma swife a.
   Matye. 5 : 48
4. Konnen ke se yon egzamen de pasaj li ye. Pinga ou kite sal egzamen an. Tann gradyasyon an. Tann Jezi ki pral di ki moun ki pase.

Pou fini

Legliz bezwen refòmen ni nan sosyal ni espirityèl. Jezi pa menm okipe gwo mizik nou yo, ni gwo mesaj nou yo si nou fè yo pou moun pale de nou. An nou bat pou nou sensè.

Kesyon

1. Di m twa moun ou konnen ki pat vyolan.
   Sovè nou Jezikri, Mahatma Gandi ak Maten Litè Kinn

2. Ki sa Jezi rekomande nou ?
   Pou nou evite joure ak diskisyon
3. Ki jan pou nou fè sa?

    a. Si yon moun bay ou yon kalòt sou bò machwè gòch la, tou pase l bò dwat la. Pa pale.

4. Ki jan pou w evite gen moun nan kè?
Pou pa janmen pran advèsè pou lènmi w.
5. Pouki sa?
    a. Lènmi w nan se yon opotinite Bondye bay ou pou mezire degre espirityèl ou.
    b. Li bay ou okazyon pou bay prèv ke ou menm se pitit Bondye w ye.

6. Ki sa Jezikri rekomande nou?
    a. Pou nou renmen lènmi nou yo.
    b. Pou nou beni moun k'ap modi nou yo.
    c. Pou nou fè dibyen a moun ki rayi nou.
    Pou nou priye pou moun k'ap pèkite nou, kap maltrete nou.
7. Ki avantaj li gen ladan n?
Se la nou komanse jwen benediksyon.
    a. Se dènye mach la pou nou fin bon nèt.
    b. Se dènye egzamen ofisyèl la avan nou gradye.

Leson 10
Fèt aksyon de gras

Vèsè pou prepare leson an Sòm.22 :4 ; Amòs.5 :21-24 ; Lik.18 :35-43 ; Jan.2 :1-16 ; 5 :1 -2; 12 :1,12-13 ; Galat.3 :3b
Vèsè pou li nan klas la : Amòs. 5 : 21-25
Vèsè pou resite : Sispann chante kantik nou yo nan zòrèy mwen. Mwen pa vle tande mizik gita nou yo ankò. Amòs. 5 : 23
Fason pou fè leson an : Diskou, konparezon, kesyon
Bi leson an : Dénonse lwanj ak adorasyon fo yo ke Bondye pa aksèpte yo.

I. Ki jan Bondye patisipe nan fèt nou yo?
1. Nou wè Jezi ki desann al nan yon maryaj nan bouk Kana nan peyi Galile. Se moun a Mari yo ki te envite l. Jan.2 : 1-2
2. Nou wè li toujou monte al nan fèt legliz nan vil Jerizalèm. Jan.2 :12; 5 :1 ; 12 :1,12-13
3. Kan l monte fòk ou santi sa. Li pral fè yon bagay kite pou moun yo sonje l te pase la.
   a. Ou ka pa konn non moun marye yo nan bouk Kana, men ou pa kap di m ou bliye mirak dlo ke li te chanje an diven.
   b. Ou ka pat patisipe nan fèt jwif yo, men ou pa kap bliye gerizon kokobe a bò pisin Betesda a.

II. Ki lè ou pa wè l nan fèt yo ?
1. Se lè nou komanse byen pwòp ak Lespri e nou fini ak la chè. Galat.3 :3b
   a. Lè saa, li montre nou l fache.

    b. Gade ki sa'l te fè nan gwo jou fèt Pak la, ki jan li rale yon rigwaz pou l kale machann yo ki tap vann nan tanp la. Jan. 2 :13-16
2. Papa l t'ap fè menm bagay la tou. Amòs.5 :21-24

III. Ki jan li patisipe nan fè Aksyon de Gras nou yo ?
1. Bondye renmen chita nan mitan moun kap bay li glwa. Sòm.22 :4
2. Menm si se pa nan yon gwo reyinyon kote gen anpil moun. Jezi rankontre Batime, yon pòv mandyan nan la ri ki te bay li glwa. Lamenm, Jezi te beni l tou, nan menm otè li te fè lwanj pou li a. Lik.18 :35-43

Pou fini
Mwen ta konseye w pou w fete Senyè a ak yon kè rekonesan. Apre sa ou mèt tann li di w : « Ki sa ou vle m fè pou w ? »

Kesyon

1. Montre ki jan Jezi te renmen fèt.
   a. Li patisipe nan yon maryaj nan bouk Kana nan peyi Galile.
   b. Li ale nan tout fè jwif yo nan Jerizalèm.
   c. Li toujou la pou fè yon bagay pou moun kap sonje l.

2. Ki lè Jezi pa patisipe nan fèt nou yo ?
   Kan nou komanse ak la priyè nou pa fini ak lapriyè.

3. Ki jan li te reyaji ?
   a. Li montre l pa kontan
   b. Li kale moun yo ki tap fè dezòd yo nan legliz la.
   c. Papa l ta fè menm bagay latou.
   d. Jezi te asepte lwanj yon pòv avèg tankou Batime.
   e. Li bay Batime yon byen nan menm otè li te leve l la.

4. Di si se vre ou si se fo
   a. Jezi renmen danse nan fèt yo. __ V__F
   b. Li pwofite fèt yo pou l bwè kremas._ V _F
   c. Jezi ale nan fèt yo pou glorifye Papa l. _ V_F
   d. Jezi mete yon bèl dekòlte pou l ale nan sal resepsyon yo. _V_F
   e. Si ou bezwen pen ak pwason, rele l « Jezi ti nonm Nazarèt la.». _ V_ F
   f. Si w bezwen yon kado de pi gran waa, rele l « Jezi, pitit wa David la. » _ V_ F

Leson 11
Fêt laBib

Vèsè pou prepare leson an : Jenèz.1 : 3, 12 ; 2 :18-22 ; 3 :1-15 ; 10 :1-32 ; Ezayi.44 : 24 ; 45 :1 ; 53 :4-7 ; Miche.5 :1 ; Matye.2 :1 ; Lik.1 :32 ; Jan.19 :16-18 ; Revelasyon. 21:9

Vèsè pou li nan klas la : Sòm.119 :9-16

Vèsè pou resite : Pawòl ou se yon chandèl ki fè m wè kote m'ap mete pye m. Se yon limyè k'ap klere chemen mwen. Sòm.119 :105

Fason pou fè leson an : Diskou, konparezon, kesyon

Bi leson an : Ankouraje kretyen yo pou yo sa etidye bib la.

Pou komanse

Nou ta vle tout moun konnen ke tout liv soti anba sou la tè. Men bib la li menm, li soti nan syèl.

I. Bib la se Liv Bondye :
 1. Se Pawòl Bondye li kominike a moun sou tè a. Jan.1 :1
 2. Na wè l di : Men sa Letènèl di. Ezayi.44 :24 ; 45 :1
 3. E Bondye di : Jenèz.1 :3 ; 2 :18

II. Se liv sa ki pale nou kote tout bagay soti :
 1. Kote lòm soti ak fanmiy yo. Jenèz.2 :18-22
 2. Kote nasyon yo soti. Jenèz.10 :1-32
 3. Kote peche a soti. Jenèz. 3 :1-6

IV. Se Liv sa ki pale de yon sovè ki dwe vini
1. Jezi, ki te soti nan vant yon fanm, gen pou l kraze tèt Satan sou Bwa kalvè a. Jenèz.3 :15 ;
2. Jezi te blese nan talon l sou mòn Golgota. Jan.19 :16-18
3. Mesi a t'ap soti nan tribi Jida, nan ras a wa David Miche.5 :1 ; Matye. 2 :1 ; Lik.1 :32
4. Li te gen pou l soufri pou peche nou. Ezayi. 53 : 4-7

V. Se Liv sa ki pale de fen tout bagay sou tè saa
1. Li pale de lafen monn saa. 1Jn.2 :17
2. La fen planèt tè a. Revelasyon 21 :1
3. Sa kap rive mechan yo alafen. Matye 25: 41
4. Rekonpans jis yo alafen. Matye 25 :34

VI. Se liv lavi a ki pale de sante nou, sekirite nou ak fason pou nou gen bon kondit.
Sòm.19 :8-11 ; 119 : 105

VII. Se Liv pou letènite
Bondye siyen l sou tè a ak mo sa yo : E Bondye wè tout bagay li kreye yo te bon» Jenèz. 1: 12

Li komanse Liv la ak yon maryaj ant Adan ak Eve. L'ap fini liv la nan syèl nan yon maryaj ant Jezi ak legliz.
Jenèz. 3: 18-22; Revelasyon. 21:9

Pou fini

Konnen byen ke Libera ak Dies Ire, se liv relijyon lòm bay. Pi lwen yo k'ap mennen w se nan kavo w, nan simetyè. Bib la, se Pawòl Bondye, lap mennen w nan syèl. Vinn jwen Jezi kounyeya. Se li menm ki Pawòl la vi a.

Kesyon

1. Ki sa Bib la ye ?
    a. Se liv Bondye
    b. Se liv ki di kote tout bagay soti
    c. Se liv pwofesi sou Sovè a ki tap vini
    d. Se liv la vi a
    e. Se liv ki pale sak pral pase alafen
    f. Se liv pou letènite.

2. Pouki sa nou kwè se liv Bondye ?
   Bondye menm ki di sa.

3. Pouki nou di se li ki pale de kote tout bagay soti ?
   Li pale de premye moun, premye fanmiy, de premye peche ak kote tout nasyon yo soti.

4. Pouki sa nou di ke se liv la fen?
   Li pale de fen monn nan, fen la tè, sa ki pral pase jis yo ak mechan yo alafen.

5. Ki liv sou tè saa ki kap konpare ak bib la?
   Pa genyen ditou

Leson 12
Fèt Nowèl

Vèsè pou prepare leson an:
Aje.2:18-23; Zachari.14:9; Matye.1:12; 16:18; Lik.1:32; 2:8-15; 5:10b; Jan.6:27; Women.3:4

Vèsè pou li nan klas la : Aje.2: 18-28

Vèsè pou resite : Nou gen yon pitit ki fènk fèt, Bondye bay nou yon gason. Se li menm ki pra'l chèf nou. Ya rele'l Bon konseye k'ap fè bèl bagay la, Bondye ki gen tout pouvwa, Papa ki la pou toutan an, Wa k'ap bay kè poze a ! Ezayi.9:6

Fason pou fè leson an : Diskou, konparezon, kesyon

Bi leson an: Montre ke vini Kris sou tè saa, se yon gwo prèv de relasyon nou ak syèl la.

Pou komanse

Map toujou mande pouki gen yon chire pit sou nesans Jezikri. Si yon moun ka mouri, sèke li te fèt, menm si ou pa konnen dat la. Tout moun mèt bay manti, men Bondye li menm se verite. Women.3:4

I. **Bib la di ki lè li tap fèt.**
   Jezi te fèt nan dat 24 Kisleu ki 18 Désanm dapre kalandriye Jilien an. Se sa anpil doktè nan teoloji deklare. Se konsa Aje di nou ke se te pòz premye pyè fondasyon legliz li. Aje. 2 :18, 22; Matye.16 :18

II. **Ki rezon nou gen pou selebre Nowèl nan dat 25 Desanm**
   1. Avan Konstanten te monte Anperè a Wòm, nan lane 313, payen yo te konn adore IRIS, dye Solèy nan dat 25 Desanm. Kan Anperè a konvèti, te gen anpil payen ki te konvèti. Depi

lè saa, Anperè a bay yon Dekrè pou konsakre Dat 25 Desanm nan pou fète Nowèl. Se pou moun yo pa tounen adore soley ankò. Sa te yon desizyon ki te saj.

2. Remake : Kan Pyè te vin konvèti, Jezi pa chanje metye l men li chanje direksyon l. Li toujou pechè, men olye de pwason, kounyeya lap vin pechè nanm pèdi. Lik.5 : 10b

a. Konsa, kretyen yo fete Nowèl, se pa apati de Dekrè Anperè Konsanten, men apati de yon dat pwofesi ki te la **913** lane avan Konstanten. Se pwofèt Aje ki te di sa 600 lane avan Kris te vini. 600 avan Kris + 313 apre Kris vini, sa fè 913 ane. Se pa Konstanten n'ap swiv !

III. **Ki aspè pwofetik nou jwen nan sa ak Aje ?**
Jezi va sèl wa sou tout tè a.
Aje. 2 : 22 ; Zakari.14 :9

1. Li va gen yon so sou li kòm senbòl otorite l kòm wa. Aje 2 : 23 ; Jan.6 :27
2. Jezi gen pou l chita sou chèz boure wa David la, zansèt li. Matye.1 :12 ; Lik.1 :32

Pou fini
Nou dakò'l te fèt Betleyèm. Eske li fèt nan kè w tou?

Kesyon

1. Ki dat pwofetik vini Jezikri a?
   24 Kisleu ki vle di 18 Desanm

2. Dapre pwofesi yo, sa fondman Tanp la vle di ?
   Fondayon legliz Kris la.

3. Ki sa payen yo te konn adore avan lane 313?
   Se Solèy la yo te rele l Iris.

4. Ki moun ki chanje oryentasyon yo pou Nowèl e nan ki dat?
   Se lanperè Konstanten nan lane 313

5. Eske se Konstanten kretyen yo obeyi kan yo fete Nowèl?
   Jamè d la vi! Yo make yon dat pwofetik ki te anonse pa pwofèt Aje 913 lane avan Konstanten

6. Ki sa pwofèt Aje di de Jezi kòm wa ?
   a. Li va genyen yon so wa sou li.
   b. Li va chita sou twon David papa li.
   c. Alafen, li va sèl wa sou tout latè.

7. Ki sa Jezi te fè Pyè tounen lè l te konveti? Li kite l ak tit pechè a men se pou l al peche nanm pèdi.

Lis vèsè yo

1. Se pou nou pran Jezikri Senyè nou an tankou yon zam mete sou nou. Pa kite egzijans kò a pran pye sou nou pou fè nou fè tout sa li anvi fè. Women 13:14

2. Yon jou yo t'ap fè sèvis Bondye, yo t'ap fè jèn, le Sentespri di yo : Mete Banabas ak Sòl apa pou mwen, pou yo fè travay mwen chwazi pou yo fè a. Travay.13:2

3. Se sak fè tout mwen kontan anpil lè m santi m fèb, lè y'ap joure m, lè m nan lafliksyon, lè m anba pèsekisyon, lè m nan difikilte, lè m ap sibi tou sa akòz Kris la. Paske lè m fèb, se lè sa a mwen gen fòs. 2Korentyen.12:10

4. Lè y'ap fè konkou pou wè kilès ki ka kouri pi vit, tout moun gen pou kouri. Men se yon sèl ki gen premye pri a. 1Korentyen.9:24

5. Mwen pa gen pretansyon mwen rive déjà kote m prale a, ni mwen poko fin bon nèt. Filipyen.3:12a

6. Mwen pa gen pretansyon mwen rive déjà kote m prale a, ni mwen poko fin bon nèt. Men m'ap kouri sou kous mwen, pou m wè sim ka mete men sou kote m dwe rive a, paske Jezikri pou tèt pa l fin mete men sou mwen deja. Filipyen.3:12

7. Se vre wi, frè m yo. Mwen pa kwè m déjà mete men m sou kote m dwe rive a. Men, mwen gen yon

sèl bagay pou m fè, se pou m bliye tout sa ki dèyè m, pou m fè jefò pou mete m sou sa ki devan lan. Filipyen.3 :13

8. Konsa m'ap kouri dwat devan m sou mak kote m prale a, pou m ka jwenn rekonpans Bondye rele m vin resevwa nan syèl la, gremesi Jezikri.
Filipyen.3 :14

9. Non, nou fèt pou nou bon nèt, menm jan Bondye Papa nou ki nan syèl la bon nèt. Matye. 5 :48

10. Sispann chante kantik nou yo nan zòrèy mwen. Mwen pa vle tande mizik gita nou yo ankò.

11. Pawòl ou se yon chandèl ki fè m' wè kote m'ap mete pye m', se yon limyè k'ap klere chemen mwen.

12. Nou gen yon pitit ki fènk fèt, Bondye bay nou yon gason. Se li menm ki pra'l chèf nou. Ya rele'l Bon konseye k'ap fè bèl bagay la, Bondye ki gen tout pouvwa, Papa ki la pou toutan an, Wa k'ap bay kè poze a ! Ezayi.9:6

Evalyasyon Pèsonèl

1. Ki pwen nan 12 leson yo ki te pi touche w ?
   _____

2. Ki sa ou jwen nan li
   a. Pou tèt pa w ?
   _____

   b. Pou fanmiy w ?
   _____

   c. Pou Legliz w ?
   _____

   d. Pou peyi w ?
   _____

3. Ki desizyon ou vle pran imedyatman apre klas la ?
   _____

4. Men sijesyon, mwen (Untel), mwen genyen pou Lekòl dimanch nan Legliz mwen:
   a._____
   b._____
   c._____

5. Kesyon pou w reponn a tèt ou sèlman
   a. Ki sa mwen vo pou Legliz la depi mwen la ?
   b. Ki sa mwen vle fè pou li vin pi miyò ?
   c. Si Jezi vini kounyeya, eske m pap wont akòz jan de fwi yo mwen kap prezante l ?

Lis sijè yo

Dife 15-Seri 1   1
Se pou peche w Kris te mouri se pa't pou eskiz.......... 4

Avangou 5

Leson 1 Moun ki konnen yon pi bon pase tout moun
.... 6

Leson 2 Eskiz moun ki pran pòz konnen yo 9

Leson 3 Eskiz moun ki pran pòz konnen yo (rès la) 12

Leson 4 Moun kap doute yo 15

Leson 5 Moun kap doute yo (rès la) 18

Leson 6 Moun yo ki kwè nan Lwa Moyiz la 21

Leson 7 Banbochè yo 24

Leson 8 Moun chanèl yo 27

Leson 9 Moun ki wodomon 30

Leson 10 Moun ki endiferan 33

Leson 11 Moun kazwèl yo 36

Leson 12 Bann fo rezonman yo 39
Lis vèsè yo……………………………………….42

Dife 15-Seri 2 45

Gras la, yon favè nou pa merite 45

Avangou 46

Leson 1 Gras la, favè Bondye nou pat merite 47

Leson 2 Ki sa Gras lagen ladan...................................50

Leson 3 Ki la gras la revele.....................................53

Leson 4 Sa Gras la akonpli......................................56

Leson 5 Gras nan tout dimansyon l.........................59

Leson 6 Benefis nan Gras la nou pa ka kalkile.........62

Leson 7 Tout Don ki mache ak Gras la 64

Leson 8 Gras la pou chak jou yo.............................67

Leson 9 Bagay ou jwen nan Gras la sèlman.............70

Leson 10 Anseyman nou pran nan gras la 73

Leson 11 La Gras et la Loi.......................................76

Leson 12 Konpare Gras la ak mizerikòd la...............79

Evalyasyon Pèsonèl..84

Dife 15 15-Seri 3 85

Yon vi nan mitan bèt sovaj.......................................85

Avangou 86

Leson 1 Jezi nan mitan bèt sovaj yo.........................87

Leson 2 Bèt sovaj yo nan Dezè a.............................90

Leson 3 Ki jan bèt sovaj yo manifèste.....................93

Leson 4 Ak kisa bèt sovaj yo sanble........................96

Leson 5 Bèt sovaj yo nan bato Noye a 99

Leson 6 Koman Jezikri kontre ak bèt sovaj yo 102

Leson 7 Bèt sovaj yo nan legliz Bondye a 105

Leson 8 Ki jan pou w konpòte w ak bèt sovaj yo...108

Leson 9 Ki fòs nou gen pou venk bèt sovaj yo 111
Leson 10 Koman detwi bèt sovaj yo? 114
Leson 11 Ki wòl zanj yo nan mitan bèt sovaj yo 117
Leson 12 Lapòt Pòl nan mitan bèt sovaj yo 120
Evalyasyon Pèsonèl 125
Tome 15-Seri 4 126
Nan wout pou nou bon nèt 126
Avangou 127
Leson 1 Preparasyon pou kous la 128
Leson 2 Antrènman pou kous la 131
Leson 3 Pèz lou ki depase fòs li 134
Leson 4 Ki jan pou yo medaye w apre kous la. 137
Leson 5 Premye disiplin pou konpetisyon kous la .. 140
Leson 6 Dezyèm disiplin 143
Leson 7 Kant n'ap vin fò pou nou bon nèt 145
Leson 8 Dènye mach la pou nou bon nèt 148
Leson 9 Refòmasyon 151
Leson 10 Fèt aksyon de gras 154
Leson 11 Fèt laBib 157
Leson 12 Fèt Nowèl 160
Lis vèsè yo 163
Evalyasyon Pèsonèl 163

Ti detay sou vi Pastè Renaut Pierre-Louis

Pastè nan Legliz Batis Saint Raphael,	1969
Diplômen nan Teoloji nan Seminè Batis Limbe,	1970
Diplômen nan Lekòl kontablite Julien Craan	1972
Pwofesè Angle ak Panyòl nan Collège Pratique du Nord au Cap-Haitien	1972
Pastè nan Premye Legliz Batis nan Cap-Haitien,	1972
Pastè nan Legliz Batis Redford, Cité Sainte Philomène,	1976
Diplômen nan Lekòl Avoka au Cap-Haitien	1979
Fondatè Collège Redford ak l'Ecole Professionnelle ESVOTEC,	1980
Pastè nan Legliz Batis Emmaüs à Fort Lauderdale	1996

Pastè nan Legliz Batis Péniel nan Fort Lauderdale depi 1996 jouk jounen jodia
Pastè pandan karantsizan (48), Avoka, Poèt, Ekriven, Konpozitè Teyat, li jwe teyat
Jodia, sèvitè Bondye sa pote pou nou « Dife Ra Pye Tè». Se yon liv pou enstri nou. Li gen gwo koze nan teoloji ladan. Li déjà fè gwo chanjman nan fason pou anseye nan Lekòl Dimanch e nan fason pou nou prezante mesaj Pawòl Bondye a.
Pastè yo, predikatè yo, monitè yo, kretyen ki gen zye klere yo, tanpri, pran "Dife Ra Pye Tè". Kan w fini, pase l bay yon lòt. 2 Tim. 2:2

Pastè Renaut Pierre-Louis

www.ingramcontent.com/pod-product-compliance
Lightning Source LLC
Chambersburg PA
CBHW071625080526
44588CB00010B/1273